천지팔양신주경

우리말 독송 사경본

천지팔양신주경

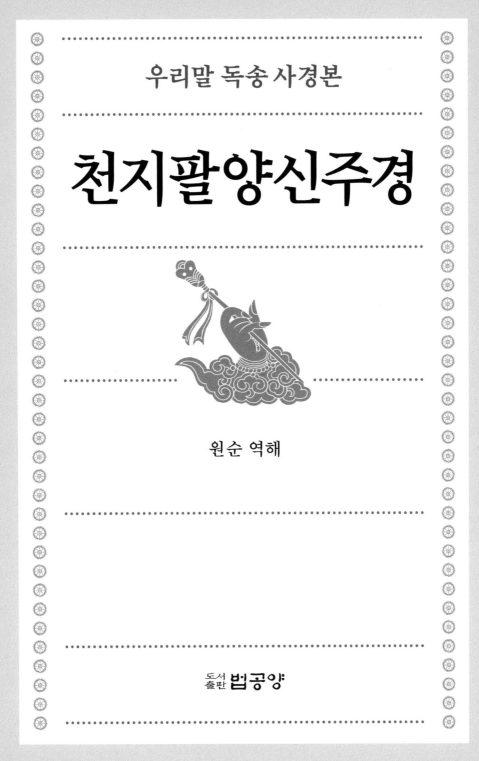

원순 역해

도서
출판 법공양

부처님 은혜에 감사드리며

【삼귀의】

귀의불 양족존
歸依佛 兩足尊
거룩한 부처님께 귀의합니다.

귀의법 이욕존
歸依法 離欲尊
성스런 가르침에 귀의합니다.

귀의승 중중존
歸依僧 衆中尊
청정한 스님들께 귀의합니다.

【칠불통계】

제악막작
諸惡莫作
오늘도 나의 허물 되돌아보며

중선봉행
衆善奉行
맑고도 향기로운 삶을 살면서

자정기의
自淨其意
하늘 빛 푸른 소원 참마음으로

시제불교
是諸佛教
부처님 가르침을 꽃피우소서.

【사홍서원】

중생 무변 서원도
衆生 無邊 誓願度
중생을 다 건지오리다.

번뇌 무진 서원단
煩惱 無盡 誓願斷
번뇌를 다 끊으오리다.

법문 무량 서원학
法門 無量 誓願學
법문을 다 배우오리다.

불도 무상 서원성
佛道 無上 誓願成
불도를 다 이루오리다.

* 팔관재계는 십재일인 매달 음력 1일, 8일, 14일, 15일, 18일, 23일,
  24일, 28일, 29일, 30일에 받아 지녀
  부처님의 복덕과 지혜를 닦아나가는 방편이다.

  십재일은 나쁜 기운이 드세어 사람의 몸을 해치고 마음을 어지럽힌다.
  그러므로 부처님께서는 여덟 가지 계와 한낮이 지나면 음식을 먹지 않는
  재법齋法으로 모든 중생이 복덕과 지혜를 길러 세상의 괴로움에서 벗어나게 하였다.

  팔관재계八關齋戒의 '관關'은 허물이 일어나지 않게 막는 것이요, '재齋'는 맑고 깨끗한
  삶이며 '계戒'란 지켜야 할 것을 말한다. 여덟 가지 계를 잘 지키면 '맑고 깨끗한 삶'의
  뿌리가 저절로 형성된다.

【 팔관재계 】

하루 낮 하룻밤 동안

한낮이 지나면 먹지 않는 '맑고 깨끗한 삶'을 살아야 합니다.

하루 낮 하룻밤 동안

1. 중생의 생명을 빼앗지 않고 '자비로운 삶'을 살아야 합니다.

2. 도둑질하지 않고 '마음이 넉넉한 삶'을 살아야 합니다.

3. 삿된 관계를 맺지 않고 '행복한 삶'을 살아야 합니다.

4. 거짓말하지 않고 '진실한 삶'을 살아야 합니다.

5. 술을 마시지 않고 '지혜로운 삶'을 살아야 합니다.

하루 낮 하룻밤 동안

6. 향수나 꽃으로 몸을 꾸미지 않고 '편안한 삶'을 살아야 합니다.

7. 춤이나 노래로 마음이 들뜨지 않고 '고요한 삶'을 살아야 합니다.

8. 높은 자리에 앉지 않고 '마음을 비우는 삶'을 살아야 합니다.

불기   년   월   일   수계 행자 :   정례(頂禮)

【보왕삼매론】

첫째, 몸에 병 없기를 바라지 말라.

몸에 병이 없으면 쉽게 탐욕이 생기니, 부처님께서는 "병고(病告)로 양약을 삼아야 한다."라고 말씀하셨다.

둘째, 세상살이에 어려운 일이 없기를 바라지 말라.

세상살이에 어려운 일이 없으면 교만하고 사치스러운 마음이 생기니, 부처님께서는 "어려운 세상살이에 집착 없이 잘 살아가야 한다."라고 말씀하셨다.

셋째, 공부하는 데 장애 없기를 바라지 말라.

마음에 장애가 없으면 배우는 게 넘치게 되나니,
부처님께서는 "장애가 있더라도 여유로운 마음을 지녀야

한다."라고 말씀하셨다.

넷째, 수행하는 데 마(魔) 없기를 바라지 말라.

수행하는 데 마가 없으면 원력을 잊어버리기 쉬우니,
부처님께서는 "어떤 마군이라도 수행을 도와주는 벗으로
삼아야 한다."라고 말씀하셨다.

다섯째, 일을 꾀하되 쉽게 되기를 바라지 말라.

일이 쉽게 이루어지면 경솔하고 오만해질 수 있나니,
부처님께서는 "어려운 일이 있어도 편안하고 즐거운 마음
을 지녀야 한다."라고 말씀하셨다.

여섯째, 친구를 사귀되 나만 이롭기를 바라지 말라.

나만 이롭기를 바라면 도의(道義)를 잃게 되니,
부처님께서는 "서로 도움을 주면서 사귀어야 한다."라고
말씀하셨다.

일곱째, 남이 내 뜻대로 순종해 주기를 바라지 말라.

내 뜻대로 순종하면 나를 드러내 자랑하는 마음이 생기니,
부처님께서는 "내 뜻에 맞지 않는 사람들을 꽃동산으로 삼아야 한다."라고 말씀하셨다.

여덟째, 공덕을 베풀면서 그 대가를 바라지 말라.

공덕의 대가를 바라면 이익을 도모하는 마음이 있으니,
부처님께서는 "덕을 베푼다는 그 생각조차 버려야 한다."
라고 말씀하셨다.

아홉째, 분에 넘치게 이익을 바라지 말라.

이익이 분에 넘치면 어리석은 마음이 생기니,
부처님께서는 "이익을 멀리함으로 마음의 부자가 되어야
한다."라고 말씀하셨다.

열째, 억울한 일을 당해서도 밝히려고 하지 말라.

억울한 일을 밝히려고 하면 다투는 마음을 쉬지 못하니, 부처님께서는 "억울한 일을 당하면 마음을 쉬는 것을 수행으로 삼아야 한다."라고 말씀하셨다.

이처럼 무릇 막히는 데서 통하고, 통하는 데서 막히는 것이니, 이 때문에 부처님도 난관 속에서 깨달음을 얻었다.

앙굴마라와 제바달다가 부처님의 뜻에 역행할 때도, 부처님은 이들을 다스려 수기를 주고 성불하게 하였으니,

이것이 어찌 그들의 역행 속에서도 법을 따른 것이 아니겠느냐, 또한 그들의 비방 속에 그 뜻을 이룬 것이 아니겠느냐.

지금 세상 사람이 먼저 역경을 견뎌내지 못한다면, 장애가 주어질 때, 이를 이겨내지 못해 법왕의 큰 보배를 잃게 되니, 어찌 애석한 일이 아닐 수 있겠느냐.

하루하루가 좋은 날

세상을 살다 보면 좋은 날도 있고 나쁜 날도 있습니다. 신산(辛酸)스러운 중생살이라 어쩌면 편안한 날보다 궂은날이 더 많다고 느낄 수도 있습니다. 사랑하는 이를 지키고 행복하게 살고자 애쓰는 이 나라의 많은 사람에게, 이 경을 세 번만 읽으면 날마다 좋은 날이라고 노래하는 '천지팔양신주경(天地八陽神呪經)'은 삶의 커다란 위안이자 버팀목이 되어 왔습니다.

살아가는 그 세월이 좋은 날이요
장례 지낸 그날마저 좋은 때이니
태어나고 죽을 때에 이 경 읽으면
좋은 일이 정말 많아 복을 받으리.

한 달 한 달 달마다가 좋은 달이요
한 해 한 해 해마다가 좋은 해이니
이 경전을 읽으면서 장례 치르면
대대손손 부귀영화 누리게 되리.

지극정성으로 매일 이 경을 반복해서 읽다 보면 부처님께서 지향하는 세상, 부처님 마음자리에 자연스럽게 가닿게 됩니다. 점을 치거나 좋은 날을 점지 받거나 부적을 쓰는 대신, 부처님에 대한 확고한 믿음으로 경에서 말씀하신 가르침대로 세상을 살아가니, 이 사람에게는 어떤 재앙이나 재난도 다가올 수가 없습니다. 부처님의 모습으로 부처님처럼 살아가니 하루하루가 좋은 날, 행복한 삶일 수밖에 없습니다.

사람이 진정 사람다울 때 그 자리에서 부처님의 도가 펼쳐지며, 부처님의 삶이 완성됩니다. 이런 뜻에서 사람이 사람답게 사는 법, 올바르고 참되게 사는 법을 부처님께서 쉽게 설하신 것이 바로 이 '천지팔양신주경'입니다.

'천지팔양신주경'이라는 제목을 풀이해 보면 이 경에 담긴 부처님 뜻이 더욱 명료해집니다. 천지(天地)란 하늘과 땅으로, 하늘은 양이요 땅은 음이니, 세상에 벌어지는 온갖 일들은 하늘과 땅의 인연으로 벌어지는 것입니다. 하늘과 땅의 인연인 음양의 인연법으로 이 세상에 만물이 생겨나고 사라지는데, 이 인연법은 그 실체를 알고 보면 모두 중생의 마음이 만들어 낸 것입니다. 이 이치를 깨달아 중생의 마음이 허망한 줄 안다면, 중생으로 살아가는 온갖 고통에서 벗어나는 힘을 얻습니다.

팔양(八陽)에서 팔(八)은 팔식(八識)으로 중생의 마음을 여덟 가지로 나누는 것입니다. 안이비설신의(眼耳鼻舌身意) 육식(六識)에, 제칠식(第七識) 아상(我想)과 제팔식(第八識) 아뢰야식을 합쳐서 팔식이라고 합니다. 양(陽)의 뜻은 음양의 일반적인 개념과는 달리, 여기서는 팔식의 뜻을 환하게 드러내 팔식의 실체를 알고, 부처님의 마음을 체득하여 쓰라는 것입니다.

여러분들이 이 경을 읽고 팔식 그 자체가 공인 줄 알면, 그 자리에서 참 부처님이 나타나십니다. 여기서 여러분의 두 눈은 반짝반짝 빛나는 하늘 광명천(光明天)이 되니, 맑은 눈에서 해와 달빛으로 빛나는 부처님, '일월광명(日月光明) 세존'께서 나타나십니다.

두 귀는 어떤 소리도 분별하지 않고 있는 그대로 듣습니다. 여기서 귀는 어떤 소리에도 집착하지 않고 듣는 하늘 성문천(聲聞天)이 되니, 그 자리에서 한량없는 소리 '무량성(無量聲) 여래'가 나타나십니다.

코는 향기를 맡으면서도 어떤 분별도 하지 않습니다. 여기서 코는 향기와 하나가 된 부처님의 향기가 가득한 하늘 불향천(佛香天)이 되니, 그 자리에서 향기가 쌓이는 '향적(香積) 여래'가 나타납니다.

혀는 음식을 맛보는 것이지만 수행자는 부처님의 법을 음식으로 삼습니다. 혀는 맛을 음미하는 그 법을 깨달아서 부처님의 법 맛으로 가득 찬 하늘 법미천(法味天)이 되니, 여기서 법의 기쁨을 아는 '법희(法喜) 여래'가 나타나십니다.

부처님의 마음을 지니게 되면 몸에서 빛이 나니, 그 마음 그대로 '노사나불 부처님'이 됩니다. 그 몸은 투명한 유리구슬처럼 세상의 모든 모습을 다 받아들이면서, 세상 어디라도 다시 들어갈 수 있는 빛의 몸입니다. 앉아 있는 자리에서 세상과 하나 되어 오롯하게 빛을 놓으니, 빛나는 노사나불 부처님이 나타나시는 것입니다.

의(意)는 분별하는 우리 마음입니다. 하지만 부처님 마음이 되면 중생의 분별이 사라진 하늘 무분별천(無分別天))이 되니, 흔들림 없이 빛나는 마음 '부동(不動) 여래'가 나타나고, 또 이 마음이 법의 세계 텅 빈 하늘 법계천(法界天)이 되니, 여기서 텅 빈 '공왕(空王) 부처님'이 나타나십니다.

제칠식(第七識)은 아상(我相)이라 하기도 하는데, 허상인 '나'를 설정해 '나'를 기준으로 이익과 손해, 좋고 나쁨을 끊임없이 분별하는 잠재의식으로 집착하는 마음입니다. 천지팔양신주경에서는 이 '나'라는 허상을 깨기 위해 소승의 가르침인 '아나함(阿那含)'과 '대반열반경(大般涅槃經)'의 가르침을 내놓습니다.

제팔식(第八識) 아뢰야식천에서는 대지도론(大智度論)과 유가론(瑜伽論)의 가르침을 내놓습니다. '대지도론'이란 부처님의 큰 지혜로 부처님 세상으로 들어가는 가르침을 주는 경전입니다. '유가론'이란 유식(唯識) 사상으로 '이 세상 모든 게 마음이 만들어 냈을 뿐, 실체가 없어 허망하다'는 것을 일깨워 주는 가르침입니다. 이 아뢰야식을 뛰어넘어 무명을 깨고 부처님 세상으로 들어갈 때, 비로소 오롯한 깨달음을 이루며, 극락정토 아미타불 부처님이 계신 곳으로 갈 수 있습니다.

내 몸과 마음에서 이 모든 부처님이 나타나실 때, 살아가는 그 세월이 정말 좋은 날입니다.

    괴로움과 즐거움도 그대가 감당
    삿된 법과 바른 법도 그대의 인연
    공을 들여 원하는 것 얻고 싶다면
    경을 읽되 다른 생각 하지 말아라.

    천년만년 읽어가다 인연이 오면
    끊임없는 부처님 삶 법을 전하리.

이 경을 한 번만 읽어도 모든 경을 한 번씩 읽은 것과 같고, 이 경을 한 권만 사경해도 모든 경을 한 부씩 사경한 것과 같습니다.

부처님 가르침을 믿고 이 경을 읽고 사경한 공덕은 끝이 없으니, 이 경과 인연 맺은 선한 불자들은 모두 성스러운 삶을 반드시 이룰 것입니다.

간절히 바라옵건대 이 천지팔양신주경의 인연으로 많은 분이, 날이면 날마다 좋은 날로, 행복한 부처님의 삶을 살아가시기를 부처님 전에 축원 올립니다.

2024년 5월 지리산 실상사 달빛재
인월행자 두 손 모음

차례

▌◀ 송경의식 ▶▌

○ 정淨 구업 진언[1]

수리수리 마하수리 수수리 사바하 (3번)

○ 오방내외五方內外 안위제신安慰諸神 진언[2]

나모 사만다 못다남

옴 도로도로 지미 사바하 (3번)

개경開經 게偈[3]

無上甚深 무상심심	微妙法 미묘법	수승하고 깊고 깊은 오묘하고 미묘한 법
百千萬劫 백천만겁	難遭遇 난조우	백천만겁 살더라도 만나 뵙기 어려우니
我今聞見 아금문견	得受持 득수지	제가 이제 듣고 보고 부처님 법 받아 지녀
願解如來 원해여래	眞實意 진실의	부처님의 진실한 뜻 깨닫기를 원합니다.

○ 개開 법장 진언

옴 아라남 아라다 (3번)

---

1. 입으로 지은 업을 정화하는 진언이다.
2. 위아래 사방팔방 주변의 모든 신을 편케 하는 진언이다.
3. '개경 게'는 경전을 펼치는 게송이며, '개 법장 진언'은 법의 곳간을 여는 진언이다.

천지팔양신주경

독송편

1. 소견이 잘못된 중생의 삶은

저는 이와 같은 법문을 들었습니다.

비야달마성의 조용한 절에서 부처님을 향하여 사부대중이 둘러앉아 있을 때였다.

그때 대중 가운데 있던 걸림 없는 무애(無碍) 보살이 자리에서 일어나 두 손 모아 부처님께 사뢰었다.

"세존이시여, 이 세상 중생들은 끊임없이 윤회하는 삶 속에서, 시작을 알 수 없는 먼 옛날부터 유식한 사람은 적고 무식한 사람이 많았으며, 염불하는 사람은 적고 잡신을 찾는 사람이 많았습니다. 계행을 잘 지키는 사람은 적고 어기는 사람이 많았으며, 꾸준히 정진하는 사람은 적고 게으른 사람이 많았습니다. 지혜로운 사람은 적고 어리석은 사람이 많았으며, 오래 사는 사람은 적고 단명하는 사람이 많았습니다. 마음이 고요한 사람은 적고 마음이 산란한 사람이 많았으며, 부귀한 사람은 적고 궁핍한 사람이 많았습니다.

따뜻하고 부드러운 사람은 적고 차갑고 집착이 강한 사람이 많았으며, 살림이 흥성하는 사람은 적고 애를 써도 고달픈 사람이 많았으며, 정직한 사람은 적고 아첨하는 사람이 많았습니다. 청렴하고 삼가는 사람은 적고 욕심이 많아 탁한 사람이 많았으며, 보시하는 사람은 적고 인색한 사람이 많았으며, 믿음직하고 착실한 사람은 적고 허황된 사람이 많았습니다.

이런 까닭에 천박한 세상의 나랏법은 혹독하고 부역이 많아 궁핍한 백성은 필요한 것을 얻지 못하오니, 이는 진실로 삿되고 잘못된 견해를 믿음으로 말미암아 이와 같은 고통을 받는 것입니다. 바라옵건대 세존이시여, 삿된 견해를 가진 중생들이 바른 견해를 갖도록 법을 설하시어, 중생들이 이를 깨달아 온갖 고통에서 벗어나게 하여 주시옵소서."

2. 천지팔양경을 지극정성 읽어야

부처님께서 말씀하셨다.

"착하고 착하도다, 무애(無碍) 보살이여. 그대가 큰 자비로 삿된 견해를 가진 중생을 위하여 불가사의한 여래의 바른 법을 물으니, 그대들은 잘 듣고 그 뜻을 깊이 생각해야 한다.

내가 그대들을 위하여 천지팔양경(天地八陽經)을 설하리라. 이 경은 과거 모든 부처님께서 말씀하셨고, 미래 모든 부처님께서도 말씀하실 것이며, 현재 모든 부처님도 말씀하고 있느니라.

하늘과 땅 사이에 사람이 가장 높고 뛰어나니 그 무엇보다 귀하다. 사람이란 바르고 참된 것이니 허망한 마음이 없이 바르고 참되게 살아야 한다. 사람 인(人) 자에서, 왼편으로 삐친 획[丿]은 바르다는 뜻이요, 오른편으로 삐친 획[乀]은 참되다는 뜻이니, 항상 바르고 참되게 살아야 사람이라 할 수 있다.

이것으로 알아야 하니, 사람은 널리 도(道)를 펼칠 수 있고, 도는 사람의 몸을 윤택하고 빛나게 하니, 도에 의지하고 바른 사람에게 의지하면 모두 성스러운 도를 이룰 수가 있다.

또 무애(無碍) 보살이여, 많은 중생이 사람 몸을 갖고도 복을 닦지 못하고, 참된 마음을 저버리고 거짓된 마음으로 온갖 악업을 짓는다. 그러다 목숨이 다하면 괴로움의 바다에 빠져 온갖 형벌을 받아야 한다.

하지만 이 경의 가르침을 듣고 믿는다면 바로 해탈

한다. 온갖 죄를 지어 받는 괴로움의 바다에서 벗어나 선한 신의 보호를 받고, 어떤 장애도 없으며 수명이 늘어나 횡사하거나 요절하는 일이 없다.

믿음의 힘만으로도 이런 복을 받는데, 하물며 이 경을 전부 사경하고 받아 지녀 읽고 외우는 사람이야 더 말할 필요가 있겠느냐. 부처님의 법대로 살아가는 그 공덕은 이루 말할 수 없고 헤아릴 수도 없어 그 끝이 없으므로, 목숨이 마친 뒤에는 반드시 성불한다."

부처님께서 걸림 없는 무애(無碍) 보살에게 말씀하셨다.

"만약 어떤 중생이 삿된 견해를 믿는다면, 마귀와 외도, 온갖 도깨비와 아주 괴이한 새의 울음소리에 시달리게 될 것이다. 온갖 나쁜 귀신이 번갈아 달

려들어 시끄럽고 귀찮게 할 것이며, 더불어 갑자기 병이 나거나 나쁜 종양이나 전염병 등 온갖 병고를 겪으면서 이런 나쁜 일들이 잠시도 멈추지 않을 것이다.

이럴 때 선지식의 가르침을 만나 이 경을 세 번만 읽으면, 온갖 악귀가 다 사라지고 병이 다 나아 건강해질 것이니, 이 경을 읽는 공덕으로 이러한 복덕이 생긴다.

만약 어떤 중생이 음욕, 성냄, 어리석음, 인색, 탐욕, 시기, 질투가 많더라도, 이 경을 보고 믿고 공경 공양을 올리며 세 번만 지극정성 읽어 나가면, 미련하고 어리석은 마음으로 지은 온갖 악업이 다 없어진다. 늘 자비롭고 기쁜 마음으로 분별하는 마음 없이 살아가니, 부처님의 법에서 나오는 공덕을 얻게 된다."

"또 무애(無碍) 보살이여, 불법을 믿는 사람이 세상 살아가는 일을 할 때 먼저 이 경을 세 번 읽고 난 뒤, 터를 다져 담장을 쌓고 집을 지으면서 안채와 바깥채, 동쪽 행랑과 서쪽 행랑, 주방, 객실, 문과 창, 우물, 아궁이, 방앗간, 곳간, 집에서 키우는 가축우리, 뒷간 등을 만든다면,

일유신, 월살귀, 장군태세, 황번표미, 오방지신, 청룡백호 주작현무, 육갑금휘, 십이제신, 토위복룡과 모든 귀신과 도깨비가 다 숨거나 다른 곳으로 도망가 형상과 그림자조차 없어 해를 끼치지 못하니 크게 길하여 한량없는 복을 얻는다.

선한 불자들이여, 이렇게 공을 들이면 집안이 언제나 평안하고 번창하며 부귀영화를 구하지 않아도 저절로 얻어진다. 먼 길을 달려가 군에 입대하거나 벼슬살이를 하면 크게 이로울 것이다. 가문이 흥하

여 귀한 사람이 되고 대대손손 아버지는 자애롭고 아들은 효도한다. 남자는 충직하고 여자는 정갈하며, 형은 우애가 있고 아우는 공손하며, 부부는 화목하고 친척 간에 신의가 돈독하여 원하는 바가 다 이루어진다. 만약 어떤 중생이 홀연 관에 잡혀 구금되거나 도적에게 끌려갈 때, 잠시라도 이 경을 세 번 읽으면 곧바로 풀려난다.

만약 선한 불자들이 천지팔양경을 받아 지녀 읽고 외우면서 남을 위해 사경을 하면, 설사 물이나 불에 들어가도 타지 않고 떠내려가지도 않는다.

혹 험한 산속 진펄에 갇히더라도 사나운 호랑이나 이리가 잡아먹을 수가 없으며, 선한 신이 보호하여 무상도(無上道)를 이루게 한다.

또한 어떤 사람이 거짓말, 비단처럼 꾸미는 말, 거

친 말, 이간질하는 말을 많이 한 허물이 있더라도, 천지팔양경을 받아 지녀 읽고 외운다면, 이 모든 허물이 없어져 걸림 없는 부드러운 말솜씨를 얻고 부처님의 삶을 살아간다.

만일 선한 불자들의 부모가 죄를 짓고 죽어 지옥에 떨어져 헤아릴 수 없이 많은 고통을 받아야 할 때, 자식들이 부모를 위하여 이 경을 일곱 번 지극정성 읽어준다면, 그들 부모는 즉시 지옥에서 벗어나 고통이 없는 하늘에 태어날 것이며, 부처님의 법문을 듣고 생멸이 없는 지혜를 깨달아 부처님의 삶을 이룰 것이다."

3. 비바시 부처님 시절의 선한 불자

부처님께서 걸림 없는 무애(無碍) 보살에게 말씀하셨다.

"비바시 부처님께서 계실 때 선한 불자들은 삿된 믿음이 없어 부처님의 법을 소중히 생각하였다. 이 경을 사경하고 받아 지녀 읽고 외우며 해야 할 일은 빠짐없이 다하면서, 그 어떤 것도 의심하여 묻는 일이 없었다.

바른 믿음에서 베푸는 삶을 살며 두루 평등하게 공양을 올리고, 번뇌가 없는 몸으로 깨달음을 이루었다. 이들의 명호는 두루 빛나는 보광(普光) 여래 응공 정등각이라 하고, 세월의 이름은 가득 찬 부처님의 삶 '대만(大滿)'이라 하며, 국호는 경계가 끝이 없는 땅 '무변(無邊)'이라 하였다. 그 국토의 사람들은 얻을 바가 없는 법으로서 보살의 삶을 살아갈 뿐이었다.

또 무애(無碍) 보살이여, 세상에서 천지팔양경이 있는 곳마다 팔대보살과 모든 범천왕 및 온갖 눈 밝은 신령들이 이 경을 둘러싸고 향과 꽃으로 부처님께 하듯 똑같이 이 경에 공양을 올렸다."

4. 실상의 이치를 깊이 통달하면

부처님께서 걸림 없는 무애(無碍) 보살에게 말씀하셨다.

"만약 선한 불자들이 모든 중생을 위하여 이 경을 풀이하고 실상을 깊이 통달하여 깊고 깊은 이치를 체득하면, 내 몸과 마음이 바로 부처님의 몸이요 부처님의 마음인 줄 안다.

그러므로 아는 것이 곧 부처님의 앎으로서, 지혜로운 눈이 항상 다함이 없는 온갖 색을 보니, 색 그대로 공이면서 공 그대로 색이니라. 수상행식 온갖 마음 또한 공과 같으니라. 바로 이것이 미묘한 '묘색신(妙色身) 여래'이다.

지혜로운 귀로 항상 다함이 없는 온갖 소리를 들으니, 소리 그대로 공이면서 공 그대로 소리니라. 바로 이것이 미묘한 음성 '묘음성(妙音聲) 여래'이다.

지혜로운 코로 항상 다함이 없는 온갖 향기를 맡으니, 향기 그대로 공이면서 공 그대로 향기니라. 바로 이것이 '향적(香積) 여래'이다.

지혜로운 혀로 항상 다함이 없는 온갖 법의 맛을 아니, 맛 그대로 공이면서 공 그대로 맛이니라. 바로 이것이 법의 기쁨 '법희(法喜) 여래'이다.

지혜로운 몸으로 항상 다함이 없는 온갖 감촉을 아니, 감촉 그대로 공이면서 공 그대로 감촉이니라. 바로 이것이 지혜가 뛰어난 '지승(智勝) 여래'이다.

지혜로운 마음으로 항상 다함이 없는 온갖 법을

생각하고 분별하니, 법 그대로 공이면서 공 그대로 법이니라. 바로 이것이 법이 밝아지는 '법명(法明) 여래'이다.

선한 불자들이여, 이 육근(六根)에서 사람들이 모두 항상 선한 말로 선한 법을 펼치면 바로 성스러운 삶이 이루어지지만, 항상 악한 말로 악한 법을 펼치면 바로 지옥에 떨어진다.

선한 불자들이여, 이러한 선악의 이치를 반드시 믿어야 한다.

(사람의 몸과 마음이 법기)

선한 불자들이여, 사람의 몸과 마음이 바로 부처님의 법을 담는 그릇 법기(法器)이며, 또한 부처님의 법을 담는 팔만대장경이다. 이 경전은 무시이래로 끊임없이 아무리 읽어도 다 읽지 못하며, 그 가르침에는 터럭만치도 부족함이 없다. 여래의 성품이 담겨 있는 가르침은, 마음의 성품을 알고 보는 사람만이 알 수 있으니, 성문이나 평범한 사람들이 알 수 있는 곳은 아니다.

선한 불자들이여, 이 경을 읽고 외워 진리를 깊이 이해하면, 곧 몸과 마음이 부처님의 법을 담는 그릇인 줄 안다. 술에 취해 깨어나지 못한 것처럼, 자기 마음이 부처님 법의 근본인 줄 모른다면, 온갖 중생계로 방황하며 나쁜 길로 떨어지고, 영원히 고통의 바다에 빠져 불법(佛法)이란 소리조차 듣지 못한다."

그때 오백 분의 천인들이 대중 가운데서 부처님의 말씀을 듣고, 법을 보는 안목이 청정해져 모두 기뻐하며 함께 보리심(菩提心)을 내었다.

5. 중생의 생사

걸림 없는 무애(無碍) 보살이 다시 부처님께 사뢰었다.

"세존이시여, 세상에 태어나고 죽는 게 사람에게는 가장 중요한 일입니다. 하지만 태어날 때 마음대로 태어나지 못해 시절 인연이 도래해야 태어나고, 죽을 때도 마음대로 죽지 못해 시절 인연이 도래해야 죽는 것입니다.

그런데 무슨 인연으로 다음과 같은 일이 일어나는 것인지 말씀하여 주시옵소서. 좋은 시간 때와 길일을 물은 뒤 염하고 장례를 지냈건만, 어찌하여 염하고 장례를 지낸 뒤에 오히려 좋지 못한 일이 생겨 가난해진 사람도 많고 가문이 멸망하는 일도 적지 않은 것입니까?

원하옵건대 세존께서는 소견이 잘못된 무지한 모든 중생을 위하여, 그 인연을 말씀해 주시고 바른 견해를 얻게 하여 잘못된 견해를 없애 주시옵소서."

부처님께서 말씀하셨다.

"착하고 착하도다, 무애(無碍) 보살이여. 그대가 실로 깊이 있게 중생의 생사에 있어 염하고 장례 지내는 법을 묻는구나. 그대들은 잘 들어야 한다. 그대들을 위하여 지혜로운 대도(大道)의 이치와 법을 일러주겠노라.

무릇 하늘과 땅, 해와 달은 크고 넓으면서 항상 밝고 맑아, 어느 해 어느 때나 좋고 아름다워 알찬 세월이 실로 따로 있지 않느니라.

선한 불자들이여, 세상의 왕과 같은 보살은 큰 자비로 중생들을 벌거숭이 자식처럼 애틋하게 여기고, 백성들의 부모가 된다. 세속 사람에 맞추어서 세속의 법을 가르치고, 달력을 만들어 천하에 배포하며 봄, 여름, 가을, 겨울과 같은 시절의 흐름을 알게 한다.

만(滿) 평(平) 성(成) 수(收) 개(開) 제(除) 집(執) 위(危) 파(破) 살(殺)이란 글자가 있는데, 이것으로 매월 음력 특정한 날짜에 좋고 나쁜 길흉사를 적용한다. 그런데 어리석은 사람들은 이 글자를 부적처럼 의지하여 믿고 살면, 어떤 흉한 일이나 재난도 피할 수 있다고 생각한다. 게다가 삿된 도인이 부처님의 삶은 잘못이라 말하면서, 사람들에게 삿된 신을 찾고 아귀에게 절하도록 겁박하니, 중생은 도리어 스스로 재앙을 불러들여 고통을 받는 것이다.

이런 무리들은 하늘과 땅의 이치에 반역하고, 해와 달의 밝은 빛을 등져 항상 어두운 곳으로 뛰어든다. 바른 도의 넓은 길을 버리고, 항상 삿된 좁은 길을 찾아 잘못된 삶을 사니, 참으로 한심하다.

그러나 선한 불자들이여, 여인이 아기를 낳으려 할 때, 이 경을 세 번만 읽어주면 아기가 순조롭게 태어나고, 그 아기에게는 좋은 일이 많아 총명하고 지혜로운 복덕을 다 갖추니 일찍 죽는 일이 없다. 죽을 때도 이 경을 세 번만 읽어주면, 어떤 어려움도 없이 이승을 떠나 저승에서 한량없는 복덕을 얻게 된다.

선한 불자들이여, 하루하루가 좋은 날이요, 한 달 한 달이 좋은 달이며, 한 해 한 해가 모두 좋은 해이니, 실로 막힘없는 날들이라 언제든지 염하고 장례를 지내도 좋다. 다만 염하고 장례 치르는 날, 이 경을 지극정성으로 일곱 번만 읽어주면, 크게 좋은 일이 많아 한량없는 복을 받게 된다. 가문은 번영하며 사람은 존귀하고 무병장수하여, 명이 다하는 날 성인의 도를 이루게 될 것이다.

선한 불자들이여, 염하고 장례 치르는 곳은 동서남북 묻지 말고 편안한 자리를 구하면 되니, 산 사람이 좋아하면 죽은 사람도 좋아한다. 지극정성으로 이 경을 세 번만 읽고 묫자리를 닦아 편안하게 안치하면, 영원토록 재앙은 사라지고 집안이 일어나, 그 집안사람 모두가 흥하여 크게 길하고 이로울 것이다."

그때 부처님께서 거듭 이 뜻을 드러내려고 게송으로 말씀하셨다.

살아가는 그 세월이 좋은 날이요
장례 지낸 그날마저 좋은 때이니
태어나고 죽을 때에 이 경 읽으면
좋은 일이 정말 많아 복을 받으리.

한 달 한 달 달마다가 좋은 달이요
한 해 한 해 해마다가 좋은 해이니
이 경전을 읽으면서 장례 치르면
대대손손 부귀영화 누리게 되리.

그때 대중 가운데 칠만 칠천 명이 부처님 말씀을
듣고 뜻을 이해하니, 마음이 열려 삿된 길을 버리
고 정도로 돌아왔다. 부처님의 법을 알고 영원히
의혹을 끊어 모두 깨닫고자 하는 마음 보리심을
내었다.

(혼인)

걸림 없는 무애(無碍) 보살이 다시 부처님께 사뢰었다.

"세존이시여, 평범한 모든 사람이 혼인할 때, 먼저 조건이 서로 맞는가를 물어본 뒤 길일을 잡고 결혼하는데, 결혼한 뒤 부귀영화를 평생 함께 누리는 사람은 적고, 빈궁하게 살다 이별하거나 사별하는 사람이 많습니다. 이 사람들은 똑같이 삿된 것을 믿었는데, 어찌 이런 차별이 있습니까? 원하옵건대 세존께서는 대중의 의문을 풀어주시옵소서."

부처님께서 말씀하셨다.

"선한 불자들이여, 마땅히 일러줄 것이니 그대들은 잘 들어야 한다.

무릇 하늘은 양이고 땅은 음이며, 해는 양이고 달은 음이며, 남자는 양이고 여자는 음이다. 하늘과 땅의 기운이 함께 어울려 온갖 초목이 생겨나고, 해와 달이 서로 움직여서 사시사철이 흘러간다. 불과 물이 서로 받아들여 세상 만물이 자라나고, 남녀가 서로 화합하여 자손이 이어진다. 이 모든 게 하늘과 땅의 일상적인 도이고 자연의 섭리이며 세속의 법이다.

선한 불자들이여, 어리석어 지혜가 없는 사람은 삿된 스승을 믿고 점을 치고 길하기만 바란다. 좋은 일을 하지 않고 온갖 나쁜 업만 지어, 명이 다한 뒤에 다시 사람으로 태어나는 자는 손톱의 때만치나 적고, 지옥에 떨어져 아귀나 축생으로 태어나는 자는 대지의 흙만큼이나 많다.

선한 불자들이여, 다시 사람의 몸을 얻은 자도 바

른 믿음으로 착한 일을 하는 사람은 손톱의 때만치나 적고, 삿된 것을 믿고 나쁜 업을 짓는 사람은 대지의 흙만큼이나 많다.

선한 불자들이여, 결혼하려고 할 때, 물과 불이 상극인 것처럼 궁합과 나이가 맞지 않는다고, 사람이 타고난 운명을 설명한 책만 보고서 하나하나 따진다거나 묻지 말아야 한다. 다시 말하면 복덕이 많고 적음을 살펴, 그것으로 부부의 덕목으로 삼을 것이며, 신랑 신부를 불러들여 맞이하는 날에는, 이 경을 세 번 읽고 결혼식을 올려야 한다.

이에 좋은 일이 좋은 일을 불러들이니, 항상 밝은 빛이 모여 가문의 명성이 높아지고 그 집안사람들은 귀인이 될 것이다. 자손은 흥성하되 총명하고 지혜로우며 다재다능할 것이다. 효도하고 공경하며 서로 받드니 크게 길하고 이로운 삶으로, 명이 짧아 요절하는 일이 없이, 온갖 복덕이 다 갖추어져 모두 성스러운 삶을 살게 될 것이다."

(여덟 보살이 보호하시니)

그때 여덟 보살이 부처님의 위엄과 신망으로 중생들의 온갖 소원을 충족시켜 줄 힘을 얻고는, 항상 세상 사람들과 함께 똑같은 모습으로 살면서 삿된 가르침을 타파하고 바른 가르침을 세워 중생을 제도하였다. 그들은 각기 다른 선정 속에 있었지만, 여덟 보살의 삶은 조금도 다른 삶이 아니었다. 이 보살들의 명호는 모든 번뇌가 사라진 문수(文殊) 보살, 관음(觀音) 보살, 대세지(大勢至) 보살, 무진의(無盡意) 보살, 보단화(寶壇華) 보살, 약왕(藥王) 보살, 약상(藥上) 보살, 미륵(彌勒) 보살이었다.

이 여덟 보살이 함께 부처님께 사뢰기를 "세존이시여, 저희 모두 부처님께 받은 다라니 신주를 지금 설하니, 천지팔양경을 받아 지녀 읽고 외우는 사람을 옹호해 두려운 마음이 영원히 사라지고, 그 어떤 좋지 못한 것도 이 경을 읽고 외운 법사를 해치지 않게 하겠습니다."라고 하고서는, 곧 부처님 앞에서 주문을 외웠다.

아거니 니거니 아비라 만예 만다예

"세존이시여, 만약 천지팔양경 법사에게 해를 끼치는 사람이 저희가 설한 신주를 듣는다면, 깨진 기왓장처럼 머리가 일곱 쪽으로 깨어질 것입니다."

6. 천지팔양경의 뜻

그때, 가없는 몸 무변신(無邊身) 보살이 자리에서 일어나 부처님께 사뢰었다.

"세존이시여, 어찌하여 천지팔양경이라 하옵니까? 바라옵건대 세존께서는 모든 청중이 그 뜻을 알아듣게 말씀하셔서, 어서 마음의 근본을 통달하고 부처님의 마음자리로 들어가 영원토록 의심을 끊게 하옵소서."

부처님께서 말씀하셨다.

"착하고 착하도다, 무변신보살이여. 그대들은 잘 들어야 한다. 내가 지금 그대들을 위하여 천지팔양경의 뜻을 정리하여 풀어 주리라.

하늘 천(天)은 양이고 땅 지(地)는 음이며, 팔(八)은 분별이고 양(陽)은 분명히 뜻을 드러낸다는 뜻이다. 대승(大乘) 무위(無爲)의 이치인 부처님의 마음을 분명히 알고, 팔식(八識)의 인연이 모두 공(空)이어서 얻을 바 없음을 명료하게 아는 것이다.

또 말하기를 팔식(八識)은 날줄이 되고 양명(陽明)은 씨줄이 되어, 씨줄과 날줄이 서로 어울려 부처님의 가르침이 완성되므로 팔양경(八陽經)이라 이름을 붙인 것이다.

팔(八)은 팔식(八識)이다. 안(眼) 이(耳) 비(鼻) 설(舌) 신(身) 의(意) 육근(六根)은 육식(六識)이고, 제칠식(第七識) 아상(我想)과 아뢰야식(阿賴耶識)을 합해 팔식(八識)이라 하는데, 팔식의 근원을 명료하게 알면 공(空)이어서 얻을 바가 없다.

곧 이것으로 알아야 한다.

두 눈은 빛나는 하늘 광명천(光明天)이니, 여기서 해와 달빛 일월광명(日月光明) 세존이 나타난다.

두 귀는 소리를 듣는 하늘 성문천(聲聞天)이니, 여기서 한량없는 소리 무량성(無量聲) 여래께서 나타난다.

두 코는 부처님의 향기를 맡는 불향천(佛香天)이니, 여기서 향기가 쌓이는 향적(香積) 여래께서 나타난다.

입 안의 혀는 법의 맛을 아는 하늘 법미천(法味天)이니, 여기서 법의 기쁨을 아는 법희(法喜) 여래께서 나타난다.

온몸은 빛으로 된 하늘 노사나천(盧舍那天)이니, 여기서 노사나불이 되면, 세상의 온갖 모습을 거울처럼 비춰주며 그 자리에서 빛을 발하는 노사나 여래께서 나타난다.

의식은 분별이 없는 하늘 무분별천(無分別天)이니, 여기서 흔들림 없는 마음에서 큰 빛이 나는 부동(不動) 여래께서 나타난다.

마음은 법이 펼쳐진 하늘 법계천(法界天)이니, 여기서 공왕(空王) 여래께서 나타난다.

'나'라는 잠재의식을 담고 있는 하늘 함장식천(含藏識天)은 '아나함(阿那舍)'의 가르침과 '대반열반경(大般涅槃經)'의 가르침을 내놓는다.

삶의 씨앗을 모두 담고 있는 하늘 아뢰야식천(阿賴

耶識天)은 '대지도론(大智度論)'의 가르침과 '유가론 (瑜伽論)'의 가르침을 내놓는다.

선한 불자들이여, 부처님 그대로가 법이고 법 그대로가 부처님이니, 이것이 합해져 한 가지 모습으로 녹아들어 오롯이 뛰어난 지혜로 통하는 대통지승 (大通智勝) 여래께서 나타난다."

부처님께서 이 경을 말씀하실 때, 상서로운 모든 대지가 움직이며 온 천지가 환한데, 그 끝이 보이지 않고 크고 넓어 막힌 게 없으니, 무어라 이름을 붙일 수가 없었다. 어두운 세상이 다 밝아지고 온갖 지옥이 없어져 어떤 죄인이라도 고통에서 벗어날 수 있었다.

이때 대중 가운데 있던 팔만 팔천 보살이 한꺼번에 성불하니, 명호를 공왕(空王) 여래 응공 정등각 부

처님이라 하고, 세월의 이름은 온갖 번뇌에서 벗어
난 '이구(離垢)'라 하며, 국호는 끝이 없는 국토 '무
변(無邊)'이라 하였다.

모든 사람이 부처님의 세상으로 가는 육바라밀을
실천하며, 너와 나의 다툼이 없는 '무쟁삼매(無諍三
昧)'를 증명하니, 얻을 바가 없는 경지에 이르렀다.

육만 육천 비구와 비구니, 우바새, 우바이는 온갖
공덕을 지닌 대총지(大總持)를 얻고, 부처님의 마음
자리 불이법문(不二法門)으로 들어갔다. 셀 수 없이
많은 하늘신, 용왕, 야차, 건달바, 아수라, 가루라,
긴나라, 마후라가, 사람인 듯 아닌 듯한 인비인(人
非人) 중생 모두가 법을 보는 안목이 청정하여 보살
도를 실천하였다.

"선한 불자들이여, 어떤 사람이 관직에 오르는 날

이나 새집에 들어갈 때, 잠시 이 경을 지극정성 세 번만 읽으면 크게 길하여 좋은 일이 생기니, 선한 신이 보호하고 무병장수하며 온갖 복덕이 다 갖추어질 것이다.

선한 불자들이여, 이 경을 한 번만 읽어도 모든 경을 한 번씩 읽은 것과 같고, 이 경을 한 권만 사경해도 모든 경을 한 부씩 사경한 것과 같다. 따라서 그 공덕은 헤아릴 수가 없고, 허공 같아 그 끝이 없으므로, 성스러운 도를 이루게 된다.

또 무변신보살이여, 어떤 중생이 정법을 믿지 않고 항상 삿된 소견만 내다가, 홀연 이 경을 듣고 비방하며 부처님 말씀이 아니라고 하면, 이 사람은 이번 생에서 나병에 걸려 온몸이 터지고 더러운 피고름이 흘러 그 악취로 모든 사람의 미움을 받게 될 것이다.

그러다 명이 다하는 날 무간지옥에 떨어지니, 몸의 위아래로 불길이 솟구치고 무쇠 창이 난무하며 온 몸을 찔러댈 것이다. 구리 녹인 물을 입에 부으니 뼈와 힘줄이 녹아 문드러져, 하루에 만 번 죽고 만 번 살아날 것이다. 이렇게 쉴 새 없이 큰 고통을 받아야 하는데, 이는 모두 이 경을 비방하였으므로 이런 죗값을 치르는 것이다."

부처님께서 지옥의 죄인을 위하여 게송으로 말씀 하셨다.

이내 몸은 인연으로 절로 생기며
손발 머리 인연으로 갖춰지는 것
크는 것도 인연으로 절로 크면서
늙음 또한 인연으로 절로 늙는 것.

태어남도 인연으로 절로 생기며

죽음 또한 인연으로 사라지는 것

키 크는 것 마음대로 되지 않지만

작은 키도 내 뜻대로 할 수 없는 것.

괴로움과 즐거움도 그대가 감당

삿된 법과 바른 법도 그대의 인연

공을 들여 원하는 것 얻고 싶다면

경을 읽되 다른 생각 하지 말아라.

천년만년 읽어가다 인연이 오면

끊임없는 부처님 삶 법을 전하리.

부처님께서 이 경을 설하시니, 아직 이런 법문을 들어본 적이 없던 모든 대중의 마음이 밝고 깨끗해져 뛸 듯한 기쁨이 넘쳐흘렀다. 모든 대중은 세상의 어떤 모습도 참모습이 아닌 줄 알고, 부처님의 지혜로 들어가 깨달았기 때문이다. 그 깨달음은 들

어간 바도 없고, 깨달은 바도 없으며, 어떤 경계를
알고 본 것도 없어, 한 법도 얻은 바가 없으니, 곧
열반의 즐거움이다.

천지팔양신주경

사경편

【사경 발원문】

(   ) 사경 제자는

부처님 전에 발원하오니
천지팔양신주경의 가르침을 받아 지녀 날마다
정성껏 읽고 쓰고 외우겠습니다.

사경에서 나오는 온갖 공덕을
남김없이 우리 이웃에 회향하여
향기로운 부처님 세상을 꽃피우고자 하오니

시방 삼세 모든 부처님께서는
저희 부모님이 윤회의 고통에서 벗어나
극락왕생하도록 굽어살펴 주시옵소서.

20   년   월   일   불제자   정례(頂禮)

【사경 의식】

　○ 불법승에 귀의하니

歸依佛 兩足尊
귀의불 양족존
거룩한 부처님께 귀의합니다.

歸依法 離欲尊
귀의법 이욕존
성스런 가르침에 귀의합니다.

歸依僧 衆中尊
귀의승 중중존
청정한 스님들께 귀의합니다.

　○ 부처님 법 드러내며

無上甚深 微妙法
무상심심 미묘법
그 이치가 깊고 깊은 오묘하고 미묘한 법

百千萬劫 難遭遇
백천만겁 난조우
백천만겁 살더라도 만나 뵙기 어려우니

我今聞見 得受持
아금문견 득수지
제가 이제 듣고 보고 부처님 법 받아 지녀

願解如來 眞實意
원해여래 진실의
부처님의 진실한 뜻 깨닫기를 원합니다.

　○ 법의 곳간 여는 진언

　옴 아라남 아라다 (3번)

○ 사경발원

– 사경 발원문 낭독

○ 사경을 마친 뒤

– 손수 쓴 경전을 독송한다.

○ 사경 공덕을 회향하니

寫經功德殊勝行
사경공덕수승행

無邊勝福皆廻向
무변승복개회향

普願沈溺諸有情
보원침익제유정

速往無量光佛刹
속왕무량광불찰

경을 쓰는 이 공덕이 보살들의 뛰어난 삶

끝이 없는 온갖 복덕 빠짐없이 회향하여

이 힘으로 원하건대 무명 속의 모든 중생

지금 바로 부처님의 극락정토 가옵소서.

聞如是。
문 여 시

一時 佛 在毘耶達摩城寥廓宅中
일 시 불 재 비 야 달 마 성 요 확 택 중

十方相隨 四衆圍繞。
시 방 상 수 사 중 위 요

爾時 無碍菩薩 在大衆中
이 시 무 애 보 살 재 대 중 중

卽從座起 合掌向佛 而白佛言。
즉 종 좌 기 합 장 향 불 이 백 불 언

世尊 此閻浮提衆生 遞代相生
세 존 차 염 부 제 중 생 체 대 상 생

無始以來 相續不斷 有識者少
무 시 이 래 상 속 부 단 유 식 자 소

無智者多 念佛者少 求神者多。
무 지 자 다 염 불 자 소 구 신 자 다

持戒者少 破戒者多
지 계 자 소 파 계 자 다

精進者少 懈怠者多。
정 진 자 소 해 태 자 다

1. 소견이 잘못된 중생의 삶은

저는 이와 같은 법문을 들었습니다.

비야달마성의 조용한 절에서 부처님을 향하여 사부대중이 들러앉아 있을 때였다.

그때 대중 가운데 있던 걸림 없는 무애(無碍) 보살이 자리에서 일어나 두 손 모아 부처님께 사뢰었다.

"세존이시여, 이 세상 중생들은 끊임없이 윤회하는 삶 속에서, 시작을 알 수 없는 먼 옛날부터 유식한 사람은 적고 무식한 사람이 많았으며, 염불하는 사람은 적고 잡신을 찾는 사람이 많았습니다. 계행을 잘 지키는 사람은 적고 어기는 사람이 많았으며, 꾸준히 정진하는 사람은 적고 게으른 사람이 많았습니다.

智慧者少　愚癡者多　長壽者少
지혜자소　우치자다　장수자소

短命者多。　禪定者少　散亂者多
단명자다　선정자소　산란자다

富貴者少　貧賤者多。
부귀자소　빈천자다

溫柔者少　剛强者多　興盛者少
온유자소　강강자다　흥성자소

惇獨者多　正直者少　曲諂者多。
돈독자다　정직자소　곡첨자다

淸愼者少　貪濁者多　布施者少
청신자소　탐탁자다　보시자소

慳悋者多　信實者少　虛妄者多。
간린자다　신실자소　허망자다

지혜로운 사람은 적고 어리석은 사람이 많았으며, 오래 사는 사람은 적고 단명하는 사람이 많았습니다. 마음이 고요한 사람은 적고 마음이 산란한 사람이 많았으며, 부귀한 사람은 적고 궁핍한 사람이 많았습니다.

따뜻하고 부드러운 사람은 적고 차갑고 집착이 강한 사람이 많았으며, 살림이 흥성하는 사람은 적고 애를 써도 고달픈 사람이 많았으며, 정직한 사람은 적고 아첨하는 사람이 많았습니다.

청렴하고 삼가는 사람은 적고 욕심이 많아 탁한 사람이 많았으며, 보시하는 사람은 적고 인색한 사람이 많았으며, 믿음직하고 착실한 사람은 적고 허황된 사람이 많았습니다.

致使世俗淺薄 官法荼毒 賦役煩重
치사세속천박 관법도독 부역번중

百姓窮苦 所求難得 良由信邪倒見
백성궁고 소구난득 양유신사도견

獲如是苦。
획여시고

唯願世尊 爲諸邪見衆生 說其正見
유원세존 위제사견중생 설기정견

之法 令得悟解 免於衆苦。
지법 영득오해 면어중고

이런 까닭에 천박한 세상의 나랏법은 혹독하고 부역이 많아 궁핍한 백성은 필요한 것을 얻지 못하오니, 이는 진실로 삿되고 잘못된 견해를 믿음으로 말미암아 이와 같은 고통을 받는 것입니다.

바라옵건대 세존이시여, 삿된 견해를 가진 중생들이 바른 견해를 갖도록 법을 설하시어, 중생들이 이를 깨달아 온갖 고통에서 벗어나게 하여 주시옵소서."

佛言。
불언

善哉善哉 無碍菩薩 汝大慈悲
선재선재 무애보살 여대자비

爲諸邪見衆生 問於如來正見之法
위제사견중생 문어여래정견지법

不可思議 汝等諦聽 善思念之。
불가사의 여등제청 선사념지

吾當爲汝 分別解說 天地八陽之
오당위여 분별해설 천지팔양지

經。此經 過去諸佛 已說
경 차경 과거제불 이설

未來諸佛 當說 現在諸佛 今說。
미래제불 당설 현재제불 금설

2. 천지팔양경을 지극정성 읽어야

부처님께서 말씀하셨다.

"착하고 착하도다, 무애(無碍) 보살이여. 그대가 큰 자비로 삿된 견해를 가진 중생을 위하여 불가사의한 여래의 바른 법을 물으니, 그대들은 잘 듣고 그 뜻을 깊이 생각해야 한다.

내가 그대들을 위하여 천지팔양경(天地八陽經)을 설하리라. 이 경은 과거 모든 부처님께서 말씀하셨고, 미래 모든 부처님께서도 말씀하실 것이며, 현재 모든 부처님도 말씀하고 있느니라.

夫天地之間
부 천 지 지 간

爲人 最勝最上 貴於一切萬物。
위 인 최 승 최 상 귀 어 일 체 만 물

人者 正也 眞也
인 자 정 야 진 야

心無虛妄 身行正眞。
심 무 허 망 신 행 정 진

左ノ爲正 右乀爲眞
좌 별 위 정 우 불 위 진

常行正眞 故名爲人。
상 행 정 진 고 명 위 인

是知
시 지

人能弘道 道以潤身
인 능 홍 도 도 이 윤 신

依道依人 皆成聖道。
의 도 의 인 개 성 성 도

하늘과 땅 사이에 사람이 가장 높고 뛰어나니 그 무엇보다 귀하다.

사람이란 바르고 참된 것이니 허망한 마음이 없이 바르고 참되게 살아야 한다.

사람 인(人) 자에서, 왼편으로 삐친 획[丿]은 바르다는 뜻이요, 오른편으로 삐친 획[乀]은 참되다는 뜻이니, 항상 바르고 참되게 살아야 사람이라 할 수 있다.

이것으로 알아야 하니, 사람은 널리 도(道)를 펼칠 수 있고, 도는 사람의 몸을 윤택하고 빛나게 하니, 도에 의지하고 바른 사람에게 의지하면 모두 성스러운 도를 이룰 수가 있다.

夫次　無碍菩薩　一切衆生　旣得人
부 차　무 애 보 살　일 체 중 생　기 득 인

身　不能修福　背眞向僞　造種種惡
신　불 능 수 복　배 진 향 위　조 종 종 악

業。命將欲終　沈淪苦海　受種種罪。
업　명 장 욕 종　침 윤 고 해　수 종 종 죄

若聞此經　信心不逆　卽得解脫
약 문 차 경　신 심 불 역　즉 득 해 탈

諸罪之難　出於苦海　善神加護
제 죄 지 난　출 어 고 해　선 신 가 호

無諸障碍　延年益壽　而無橫夭。
무 제 장 애　연 년 익 수　이 무 횡 요

以信力故　獲如是福　何況有人
이 신 력 고　획 여 시 복　하 황 유 인

盡能書寫　受持讀誦。
진 능 서 사　수 지 독 송

如法修行　其功德　不可稱　不可量
여 법 수 행　기 공 덕　불 가 칭　불 가 량

無有邊際　命終之後　並得成佛。
무 유 변 제　명 종 지 후　병 득 성 불

또 무애(無碍) 보살이여, 많은 중생이 사람 몸을 갖고도 복을 닦지 못하고, 참된 마음을 저버리고 거짓된 마음으로 온갖 악업을 짓는다. 그러다 목숨이 다하면 괴로움의 바다에 빠져 온갖 형벌을 받아야 한다. 하지만 이 경의 가르침을 듣고 믿는다면 바로 해탈한다. 온갖 죄를 지어 받는 괴로움의 바다에서 벗어나 선한 신의 보호를 받고, 어떤 장애도 없으며 수명이 늘어나 횡사하거나 요절하는 일이 없다.

믿음의 힘만으로도 이런 복을 받는데, 하물며 이 경을 전부 사경하고 받아 지녀 읽고 외우는 사람이야 더 말할 필요가 있겠느냐. 부처님의 법대로 살아가는 그 공덕은 이루 말할 수 없고 헤아릴 수도 없어 그 끝이 없으므로, 목숨이 마친 뒤에는 반드시 성불한다."

佛告 無碍菩薩摩詞薩。
불고 무애보살마하살

若有衆生 信邪倒見 卽被邪魔外道
약유중생 신사도견 즉피사마외도

魑魅魍魎 鳥鳴百怪。諸惡鬼神 競
이매망량 조명백괴 제악귀신 경

來惱亂 與其橫病 惡腫惡疰 惡悟
래뇌란 여기횡병 악종악주 악오

受其痛苦 無有休息。
수기통고 무유휴식

遇善知識 爲讀此經三遍 是諸惡鬼
우선지식 위독차경삼편 시제악귀

皆悉消滅 病則除愈 身强力足 讀
개실소멸 병즉제유 신강역족 독

經功德 獲如是福。
경공덕 획여시복

부처님께서 걸림 없는 무애(無碍) 보살에게 말씀
하셨다.

"만약 어떤 중생이 삿된 견해를 믿는다면, 마귀
와 외도, 온갖 도깨비와 아주 괴이한 새의 울음
소리에 시달리게 될 것이다. 온갖 나쁜 귀신이
번갈아 달려들어 시끄럽고 귀찮게 할 것이며, 더
불어 갑자기 병이 나거나 나쁜 종양이나 전염병
등 온갖 병고를 겪으면서 이런 나쁜 일들이 잠시
도 멈추지 않을 것이다.

이럴 때 선지식의 가르침을 만나 이 경을 세 번
만 읽으면, 온갖 악귀가 다 사라지고 병이 다 나
아 건강해질 것이니, 이 경을 읽는 공덕으로 이
러한 복덕이 생긴다.

若有眾生 多於淫欲 瞋恚愚癡 慳
약 유 중 생　다 어 음 욕　진 에 우 치　간

貪嫉妬 若見此經 信敬供養 卽讀
탐 질 투　약 견 차 경　신 경 공 양　즉 독

此經三遍 愚癡等惡 並皆除滅。
차 경 삼 편　우 치 등 악　병 개 제 멸

慈悲喜捨 得佛法分。
자 비 희 사　득 불 법 분

夫次 無碍菩薩 若善男子善女人
부 차　무 애 보 살　약 선 남 자 선 여 인

興有爲法 先讀此經三遍 築墻動土
홍 유 위 법　선 독 차 경 삼 편　축 장 동 토

安立家宅 南堂北堂 東序西序 廚
안 립 가 택　남 당 북 당　동 서 서 서　주

舍客屋 門戶井竈 碓磑庫藏 六畜
사 객 옥　문 호 정 조　대 애 고 장　육 축

欄溷
난 혼

만약 어떤 중생이 음욕, 성냄, 어리석음, 인색, 탐욕, 시기, 질투가 많더라도, 이 경을 보고 믿고 공경 공양을 올리며 세 번만 지극정성 읽어 나가면, 미련하고 어리석은 마음으로 지은 온갖 악업이 다 없어진다. 늘 자비롭고 기쁜 마음으로 분별하는 마음 없이 살아가니, 부처님의 법에서 나오는 공덕을 얻게 된다."

"또 무애(無碍) 보살이여, 불법을 믿는 사람이 세상 살아가는 일을 할 때 먼저 이 경을 세 번 읽고 난 뒤, 터를 다져 담장을 쌓고 집을 지으면서 안채와 바깥채, 동쪽 행랑과 서쪽 행랑, 주방, 객실, 문과 창, 우물, 아궁이, 방앗간, 곳간, 집에서 키우는 가축우리, 뒷간 등을 만든다면,

日遊月殺 將軍太歲 黃幡豹尾[1] 五
일유월살 장군태세 황번표미 오

土地神[2] 靑龍白虎 朱雀玄武[3] 六甲
토지신 청룡백호 주작현무 육갑

禁諱 十二諸神 土尉伏龍 一切鬼
금휘 십이제신 토위복용 일체귀

魅 皆悉隱藏 遠迸他方 形消影滅
매 개실은장 원병타방 형소영멸

不敢爲害 甚大吉利 得福無量。
불감위해 심대길이 득복무량

善男子 興功之後 堂舍永安 屋宅
선남자 홍공지후 당사영안 옥택

牢固 富貴吉昌 不求自得 若欲遠
뇌고 부귀길창 불구자득 약욕원

行從軍 仕宦興生 甚得宜利。
행종군 사환흥생 심득의리

---

1. 임금이 거동할 때 쓰는 의장(儀仗)인데 황색 깃발 황번(黃幡)을 앞세우고, 마지막은 창의 끝에 표범의 꼬리처럼 달린 깃발을 달았다.
2. 집터의 동·서·남·북·중앙에서 집터의 안전과 보호를 주관하는 신이다. 오방지신 중에서 중앙 신에 해당하는 신을 터주신으로 여긴다.
3. 청룡, 백호, 주작, 현무를 사신(四神)이라 하며, 각각 동서남북의 방위를 다스린다.

일유신, 월살귀, 장군태세, 황번표미, 오방지신, 청룡백호 주작현무, 육갑금휘, 십이제신, 토위복룡과 모든 귀신과 도깨비가 다 숨거나 다른 곳으로 도망가 형상과 그림자조차 없어 해를 끼치지 못하니 크게 길하여 한량없는 복을 얻는다.

선한 불자들이여, 이렇게 공을 들이면 집안이 언제나 평안하고 번창하며 부귀영화를 구하지 않아도 저절로 얻어진다. 먼 길을 달려가 군에 입대하거나 벼슬살이를 하면 크게 이로울 것이다.

門興人貴 百子千孫 父慈子孝 男
문 흥 인 귀　백 자 천 손　부 자 자 효　남

忠女貞 兄恭弟順 夫妻和睦 信義
충 여 정　형 공 제 순　부 처 화 목　신 의

篤親 所願成就。
독 친　소 원 성 취

若有眾生 忽被縣官拘繫 盜賊牽挽
약 유 중 생　홀 피 현 관 구 계　도 적 견 만

暫讀此經三遍 卽得解脫。
잠 독 차 경 삼 편　즉 득 해 탈

若有善男子善女人 受持讀誦 爲他
약 유 선 남 자 선 여 인　수 지 독 송　위 타

人 書寫天地八陽經者 設入水火
인　서 사 천 지 팔 양 경 자　설 입 수 화

不被焚漂。或在山澤 虎狼屛跡
불 피 분 표　혹 재 산 택　호 랑 병 적

不敢搏噬 善神 衛護 成無上道。
불 감 박 서　선 신　위 호　성 무 상 도

가문이 흥하여 귀한 사람이 되고 대대손손 아버지는 자애롭고 아들은 효도한다. 남자는 충직하고 여자는 정결하며, 형은 우애가 있고 아우는 공손하며, 부부는 화목하고 친척 간에 신의가 돈독하여 원하는 바가 다 이루어진다.

만약 어떤 중생이 홀연 관에 잡혀 구금되거나 도적에게 끌려갈 때, 잠시라도 이 경을 세 번 읽으면 곧바로 풀려난다.

만약 선한 불자들이 천지팔양경을 받아 지녀 읽고 외우면서 남을 위해 사경을 하면, 설사 물이나 불에 들어가도 타지 않고 떠내려가지도 않는다.

혹 험한 산속 진펄에 갇히더라도 사나운 호랑이나 이리가 잡아먹을 수가 없으며, 선한 신이 보호하여 무상도(無上道)를 이루게 한다.

若復有人 多於妄語綺語 惡口兩舌
약 부 유 인 다 어 망 어 기 어 악 구 양 설

若能受持讀誦此經 永除四過 得四
약 능 수 지 독 송 차 경 영 제 사 과 득 사

無碍辯 而成佛道。
무 애 변 이 성 불 도

若善男子善女人等 父母有罪 臨終
약 선 남 자 선 여 인 등 부 모 유 죄 임 종

之日 當墮地獄 受無量苦 其子卽
지 일 당 타 지 옥 수 무 량 고 기 자 즉

爲讀誦此經七遍 父母卽離地獄 而
위 독 송 차 경 칠 편 부 모 즉 이 지 옥 이

生天上 見佛聞法 悟無生忍 以成
생 천 상 견 불 문 법 오 무 생 인 이 성

佛道。
불 도

또한 어떤 사람이 거짓말, 비단처럼 꾸미는 말, 거친 말, 이간질하는 말을 많이 한 허물이 있더라도, 천지팔양경을 받아 지녀 읽고 외운다면, 이 모든 허물이 없어져 걸림 없는 부드러운 말솜씨를 얻고 부처님의 삶을 살아간다.

만일 선한 불자들의 부모가 죄를 짓고 죽어 지옥에 떨어져 헤아릴 수 없이 많은 고통을 받아야 할 때, 자식들이 부모를 위하여 이 경을 일곱 번 지극정성 읽어준다면, 그들 부모는 즉시 지옥에서 벗어나 고통이 없는 하늘에 태어날 것이며, 부처님의 법문을 듣고 생멸이 없는 지혜를 깨달아 부처님의 삶을 이룰 것이다."

佛告 無碍菩薩。
불고　무애보살

毘婆尸佛時 有優婆塞優婆夷 心不
비바시불시　유우바새우바이　심불

信邪 敬崇佛法。書寫此經 受持讀
신사　경숭불법　서사차경　수지독

誦 須作卽作 一無所問。
송　수작즉작　일무소문

以正信故 兼行布施
이정신고　겸행보시

平等供養 得無漏身 成菩提道。
평등공양　득무루신　성보리도

3. 비바시 부처님 시절의 선한 불자

부처님께서 걸림 없는 무애(無碍) 보살에게 말씀하셨다.

"비바시 부처님께서 계실 때 선한 불자들은 삿된 믿음이 없어 부처님의 법을 소중히 생각하였다. 이 경을 사경하고 받아 지녀 읽고 외우며 해야 할 일은 빠짐없이 다하면서, 그 어떤 것도 의심하여 묻는 일이 없었다.

바른 믿음에서 베푸는 삶을 살며 두루 평등하게 공양을 올리고, 번뇌가 없는 몸으로 깨달음을 이루었다.

號曰普光如來應正等覺
호왈보광여래응정등각

劫名 大滿 國號 無邊。
겁명 대만 국호 무변

但是人民 行菩薩道 無所得法。
단시인민 행보살도 무소득법

復次 無碍菩薩 此天地八陽經
부차 무애보살 차천지팔양경

行閻浮提 在在處處 有八菩薩
행염부제 재재처처 유팔보살

諸梵天王 一切明靈 圍繞此經
제범천왕 일체명령 위요차경

香華供養 如佛無異。
향화공양 여불무이

이들의 명호는 두루 빛나는 보광(普光) 여래 응공 정등각이라 하고, 세월의 이름은 가득 찬 부처님의 삶 '대만(大滿)'이라 하며, 국호는 경계가 끝이 없는 땅 '무변(無邊)'이라 하였다. 그 국토의 사람들은 얻을 바가 없는 법으로서 보살의 삶을 살아갈 뿐이었다.

또 무애(無碍) 보살이여, 세상에서 천지팔양경이 있는 곳마다 팔대보살과 모든 범천왕 및 온갖 눈 밝은 신령들이 이 경을 둘러싸고 향과 꽃으로 부처님께 하듯 똑같이 이 경에 공양을 올렸다."

佛告 無碍菩薩摩訶薩。
불고 　무 애 보 살 마 하 살

若善男子善女人等 爲諸衆生 講說
약 선 남 자 선 여 인 등 　위 제 중 생 　강 설

此經 深達實相 得甚深理 即知身
차 경 　심 달 실 상 　득 심 심 리 　즉 지 신

心 佛身法心。
심 　불 신 법 심

所以能知即知慧 眼常見種種無盡
소 이 능 지 즉 지 혜 　안 상 견 종 종 무 진

色 色即是空 空即是色。
색 　색 즉 시 공 　공 즉 시 색

受想行識 亦空 即是妙色身如來。
수 상 행 식 　역 공 　즉 시 묘 색 신 여 래

4. 실상의 이치를 깊이 통달하면

부처님께서 걸림 없는 무애(無碍) 보살에게 말씀하셨다.

"만약 선한 불자들이 모든 중생을 위하여 이 경을 풀이하고 실상을 깊이 통달하여 깊고 깊은 이치를 체득하면, 내 몸과 마음이 바로 부처님의 몸이요 부처님의 마음인 줄 안다.

그러므로 아는 것이 곧 부처님의 앎으로서, 지혜로운 눈이 항상 다함이 없는 온갖 색을 보니, 색 그대로 공이면서 공 그대로 색이니라. 수상행식 온갖 마음 또한 공과 같으니라. 바로 이것이 미묘한 '묘색신(妙色身) 여래'이다.

耳常聞種種無盡聲　聲卽是空
이 상 문 종 종 무 진 성　성 즉 시 공

空卽是聲　卽是妙音聲如來。
공 즉 시 성　즉 시 묘 음 성 여 래

鼻常齅種種無盡香　香卽是空
비 상 후 종 종 무 진 향　향 즉 시 공

空卽是香　卽是香積如來。
공 즉 시 향　즉 시 향 적 여 래

舌常了種種無盡味　味卽是空
설 상 요 종 종 무 진 미　미 즉 시 공

空卽是味　卽是法喜如來。
공 즉 시 미　즉 시 법 희 여 래

身常覺種種無盡觸　觸卽是空
신 상 각 종 종 무 진 촉　촉 즉 시 공

空卽是觸　卽是智勝如來。
공 즉 시 촉　즉 시 지 승 여 래

지혜로운 귀로 항상 다함이 없는 온갖 소리를 들으니, 소리 그대로 공이면서 공 그대로 소리니라. 바로 이것이 미묘한 음성 '묘음성(妙音聲) 여래'이다.

지혜로운 코로 항상 다함이 없는 온갖 향기를 맡으니, 향기 그대로 공이면서 공 그대로 향기니라. 바로 이것이 '향적(香積) 여래'이다.

지혜로운 혀로 항상 다함이 없는 온갖 법의 맛을 아니, 맛 그대로 공이면서 공 그대로 맛이니라. 바로 이것이 법의 기쁨 '법희(法喜) 여래'이다.

지혜로운 몸으로 항상 다함이 없는 온갖 감촉을 아니, 감촉 그대로 공이면서 공 그대로 감촉이니라. 바로 이것이 지혜가 뛰어난 '지승(智勝) 여래'이다.

意常　思想分別　種種無盡法　法卽
의 상　사 상 분 별　종 종 무 진 법　법 즉

是空　空卽是法　卽是法明如來。
시 공　공 즉 시 법　즉 시 법 명 여 래

善男子　此六根　顯現　人皆口常說
선 남 자　차 육 근　현 현　인 개 구 상 설

其善語　善法常轉　卽成聖道　說其
기 선 어　선 법 상 전　즉 성 성 도　설 기

邪語　惡法常轉　卽墮地獄。
사 어　악 법 상 전　즉 타 지 옥

善男子　善惡之理　不得不信。
선 남 자　선 악 지 이　부 득 불 신

지혜로운 마음으로 항상 다함이 없는 온갖 법을 생각하고 분별하니, 법 그대로 공이면서 공 그대로 법이니라. 바로 이것이 법이 밝아지는 '법명(法明) 여래'이다.

선한 불자들이여, 이 육근(六根)에서 사람들이 모두 항상 선한 말로 선한 법을 펼치면 바로 성스러운 삶이 이루어지지만, 항상 악한 말로 악한 법을 펼치면 바로 지옥에 떨어진다.

선한 불자들이여, 이러한 선악의 이치를 반드시 믿어야 한다.

善男子 人之身心 是佛法器 亦是
선남자 인지신심 시불법기 역시

十二部大經券也。
십이부대경권야

無始已來 轉讀不盡 不損毫毛。
무시이래 전독부진 불손호모

如來藏經 唯識心見性者之所能知
여래장경 유식심견성자지소능지

非諸聲聞凡夫所能知也。
비제성문범부소능지야

善男子 讀誦此經 深解眞理 卽知
선남자 독송차경 심해진리 즉지

身心 是佛法器。若醉迷不醒 不了
신심 시불법기 약취미불성 불요

自心 是佛法根本 流浪諸趣 墮於
자심 시불법근본 유랑제취 타어

惡道 永沈苦海不聞佛法名字。
악도 영침고해불문불법명자

(사람의 몸과 마음이 법기)

선한 불자들이여, 사람의 몸과 마음이 바로 부처님의 법을 담는 그릇 법기(法器)이며, 또한 부처님의 법을 담는 팔만대장경이다. 이 경전은 무시이래로 끊임없이 아무리 읽어도 다 읽지 못하며, 그 가르침에는 터럭만치도 부족함이 없다. 여래의 성품이 담겨 있는 가르침은, 마음의 성품을 알고 보는 사람만이 알 수 있으니, 성문이나 평범한 사람들이 알 수 있는 곳은 아니다.

선한 불자들이여, 이 경을 읽고 외워 진리를 깊이 이해하면, 곧 몸과 마음이 부처님의 법을 담는 그릇인 줄 안다. 술에 취해 깨어나지 못한 것처럼, 자기 마음이 부처님 법의 근본인 줄 모른다면, 온갖 중생계로 방황하며 나쁜 길로 떨어지고, 영원히 고통의 바다에 빠져 불법(佛法)이란 소리조차 듣지 못한다."

爾時 五百天子 在大衆中 聞佛所
이시　오백천자　재대중중　문불소

說 得法眼淨 皆大歡喜 卽發無等
설　득법안정　개대환희　즉발무등

等阿耨多羅三藐三菩提心。
등아뇩다라삼먁삼보리심

그때 오백 분의 천인들이 대중 가운데서 부처님의 말씀을 듣고, 법을 보는 안목이 청정해져 모두 기뻐하며 함께 보리심(菩提心)을 내었다.

無碍菩薩 復白佛言。
무 애 보 살 부 백 불 언

世尊 人之在世 生死爲重。
세 존 인 지 재 세 생 사 위 중

生不擇日 時至卽生
생 불 택 일 시 지 즉 생

死不擇日 時至卽死。
사 불 택 일 시 지 즉 사

何因殯葬
하 인 빈 장

卽問良辰吉日 然始殯葬
즉 문 양 신 길 일 연 시 빈 장

殯葬之後 還有妨害
빈 장 지 후 환 유 방 해

貧窮者多 滅門者不少。
빈 궁 자 다 멸 문 자 불 소

5. 중생의 생사

(염하고 장례 치르는 법)

걸림 없는 무애(無碍) 보살이 다시 부처님께 사뢰었다.

"세존이시여, 세상에 태어나고 죽는 게 사람에게는 가장 중요한 일입니다. 하지만 태어날 때 마음대로 태어나지 못해 시절 인연이 도래해야 태어나고, 죽을 때도 마음대로 죽지 못해 시절 인연이 도래해야 죽는 것입니다.

그런데 무슨 인연으로 다음과 같은 일이 일어나는 것인지 말씀하여 주시옵소서. 좋은 시간 때와 길일을 물은 뒤 염하고 장례를 지냈건만, 어찌하여 염하고 장례를 지낸 뒤에 오히려 좋지 못한 일이 생겨 가난해진 사람도 많고 가문이 멸망하는 일도 적지 않은 것입니까?

唯願世尊　爲諸邪見無知衆生
유 원 세 존　위 제 사 견 무 지 중 생

說其因緣　令得正見　除其顚倒。
설 기 인 연　영 득 정 견　제 기 전 도

佛言。善哉善哉　善男子。
불 언　선 재 선 재　선 남 자

汝實甚能　問於衆生
여 실 심 능　문 어 중 생

生死之事　殯葬之法。汝等諦聽。
생 사 지 사　빈 장 지 법　여 등 제 청

當爲汝說　智慧之理　大道之法。
당 위 여 설　지 혜 지 이　대 도 지 법

夫天地廣大淸　日月廣長明
부 천 지 광 대 청　일 월 광 장 명

時年善善美　實無有異。
시 연 선 선 미　실 무 유 이

원하옵건대 세존께서는 소견이 잘못된 무지한 모든 중생을 위하여, 그 인연을 말씀해 주시고 바른 견해를 얻게 하여 잘못된 견해를 없애 주시옵소서.”

부처님께서 말씀하셨다.

“착하고 착하도다, 무애(無碍) 보살이여. 그대가 실로 깊이 있게 중생의 생사에 있어 염하고 장례 지내는 법을 묻는구나. 그대들은 잘 들어야 한다. 그대들을 위하여 지혜로운 대도(大道)의 이치와 법을 일러주겠노라.

무릇 하늘과 땅, 해와 달은 크고 넓으면서 항상 밝고 맑아, 어느 해 어느 때나 좋고 아름다워 알찬 세월이 실로 따로 있지 않느니라.

善男子 人王菩薩 甚大慈悲 愍念
선 남 자　인 왕 보 살　심 대 자 비　민 념

眾生 皆如赤子 下爲人主 作民父
중 생　개 여 적 자　하 위 인 주　작 민 부

母。順於俗人 敎民俗法 遺作曆日
모　순 어 속 인　교 민 속 법　유 작 역 일

頒下天下 令知 時節。
반 하 천 하　영 지　시 절

爲有滿平
위 유 만 평

成收開除之字 執危破殺之文。
성 수 개 제 지 자　집 위 파 살 지 문

愚人 依字信用 無不免其凶禍。
우 인　의 자 신 용　무 불 면 기 흉 화

又使邪師 壓鎭說是道非
우 사 사 사　압 진 설 시 도 비

謾求邪神 拜餓鬼 却招殃自受苦。
만 구 사 신　배 아 귀　각 초 앙 자 수 고

선한 불자들이여, 세상의 왕과 같은 보살은 큰 자비로 중생들을 벌거숭이 자식처럼 애틋하게 여기고, 백성들의 부모가 된다. 세속 사람에 맞추어서 세속의 법을 가르치고, 달력을 만들어 천하에 배포하며 봄, 여름, 가을, 겨울과 같은 시절의 흐름을 알게 한다.

만(滿) 평(平) 성(成) 수(收) 개(開) 제(除) 집(執) 위(危) 파(破) 살(殺)이란 글자가 있는데, 이것으로 매월 음력 특정한 날짜에 좋고 나쁜 길흉사를 적용한다. 그런데 어리석은 사람들은 이 글자를 부적처럼 의지하여 믿고 살면, 어떤 흉한 일이나 재난도 피할 수 있다고 생각한다. 게다가 삿된 도인이 부처님의 삶은 잘못이라 말하면서, 사람들에게 삿된 신을 찾고 아귀에게 절하도록 겁박하니, 중생은 도리어 스스로 재앙을 불러들여 고통을 받는 것이다.

如是人輩 反天時 逆地理 背日月
여시인배 반천시 역지리 배일월

之光明 常投暗室。違正道之廣路
지광명 상투암실 위정도지광로

恒尋邪逕 顚倒之 甚也。
항심사경 전도지 심야

善男子 産時 讀誦此經三遍 兒則
선남자 산시 독송차경삼편 아즉

易生 甚大吉利 聰明利智 福德具
이생 심대길이 총명이지 복덕구

足 而不中夭。死時 讀誦此經三遍
족 이불중요 사시 독송차경삼편

一無妨害 得福無量。
일무방해 득복무량

善男子 日日好日 月月好月 年年
선남자 일일호일 월월호월 연년

好年 實無間隔 但辦 卽須殯葬。
호년 실무간격 단판 즉수빈장

이런 무리들은 하늘과 땅의 이치에 반역하고, 해와 달의 밝은 빛을 등져 항상 어두운 곳으로 뛰어든다. 바른 도의 넓은 길을 버리고, 항상 삿된 좁은 길을 찾아 잘못된 삶을 사니, 참으로 한심하다.

그러나 선한 불자들이여, 여인이 아기를 낳으려 할 때, 이 경을 세 번만 읽어주면 아기가 순조롭게 태어나고, 그 아기에게는 좋은 일이 많아 총명하고 지혜로운 복덕을 다 갖추니 일찍 죽는 일이 없다. 죽을 때도 이 경을 세 번만 읽어주면, 어떤 어려움도 없이 이승을 떠나 저승에서 한량없는 복덕을 얻게 된다.

선한 불자들이여, 하루하루가 좋은 날이요, 한 달 한 달이 좋은 달이며, 한 해 한 해가 모두 좋은 해이니, 실로 막힘없는 날들이라 언제든지 염하고 장례를 지내도 좋다.

殯葬之日　讀誦此經七遍
빈 장 지 일　독 송 차 경 칠 편

甚大吉利　獲福無量。
심 대 길 이　획 복 무 량

門榮人貴　延年益壽
문 영 인 귀　연 년 익 수

命終之日　並得成聖。
명 종 지 일　병 득 성 성

善男子　殯葬之地　莫問東西南北
선 남 자　빈 장 지 지　막 문 동 서 남 북

安穩之處　人之愛樂　鬼神愛樂。
안 온 지 처　인 지 애 요　귀 신 애 요

卽讀此經三遍　便以修營　安置墓田
즉 독 차 경 삼 편　변 이 수 영　안 치 묘 전

永無災障　家富人興　甚大吉利。
영 무 재 장　가 부 인 흥　심 대 길 이

爾時世尊　欲重宣此義　而說偈言。
이 시 세 존　욕 중 선 차 의　이 설 게 언

다만 염하고 장례 치르는 날, 이 경을 지극정성으로 일곱 번만 읽어주면, 크게 좋은 일이 많아 한량없는 복을 받게 된다.

가문은 번영하며 사람은 존귀하고 무병장수하여, 명이 다하는 날 성인의 도를 이루게 될 것이다.

선한 불자들이여, 염하고 장례 치르는 곳은 동서남북 물지 말고 편안한 자리를 구하면 되니, 산 사람이 좋아하면 죽은 사람도 좋아한다. 지극정성으로 이 경을 세 번만 읽고 묫자리를 닦아 편안하게 안치하면, 영원토록 재앙은 사라지고 집안이 일어나, 그 집안사람 모두가 흥하여 크게 길하고 이로울 것이다."

그때 부처님께서 거듭 이 뜻을 드러내려고 게송으로 말씀하셨다.

營生善善日　休殯好好時
영 생 선 선 일　휴 빈 호 호 시

生死讀誦經　甚得大吉利。
생 사 독 송 경　심 득 대 길 이

月月善明月　年年大好年
월 월 선 명 월　연 년 대 호 년

讀經卽殯葬　榮華萬代昌。
독 경 즉 빈 장　영 화 만 대 창

爾時　衆中　七萬七千人
이 시　중 중　칠 만 칠 천 인

聞佛所說　心開意解　捨邪歸正。
문 불 소 설　심 개 의 해　사 사 귀 정

得佛法分　永斷疑惑
득 불 법 분　영 단 의 혹

皆發阿耨多羅三藐三菩提心。
개 발 아 뇩 다 라 삼 막 삼 보 리 심

살아가는 그 세월이 좋은 날이요
장례 지낸 그날마저 좋은 때이니
태어나고 죽을 때에 이 경 읽으면
좋은 일이 정말 많아 복을 받으리.

한 달 한 달 달마다가 좋은 달이요
한 해 한 해 해마다가 좋은 해이니
이 경전을 읽으면서 장례 치르면
대대손손 부귀영화 누리게 되리.

그때 대중 가운데 칠만 칠천 명이 부처님 말씀을 듣고 뜻을 이해하니, 마음이 열려 삿된 길을 버리고 정도로 돌아왔다. 부처님의 법을 알고 영원히 의혹을 끊어 모두 깨닫고자 하는 마음 보리심을 내었다.

無碍菩薩 復白佛言。
무 애 보 살　부 백 불 언

世尊 一切凡夫 皆以婚媾 爲親 先
세 존　일 체 범 부　개 이 혼 구　위 친　선

問相宜 後取吉日 然始成親 成親之
문 상 의　후 취 길 일　연 시 성 친　성 친 지

後 富貴偕老者 少 貧窮生離死別者
후　부 귀 해 로 자　소　빈 궁 생 이 사 별 자

多。 一種信邪 如何而有差別。
다　　일 종 신 사　여 하 이 유 차 별

唯願世尊 爲決衆疑。
유 원 세 존　위 결 중 의

佛言。
불 언

善男子 汝等諦聽 當爲汝說。
선 남 자　여 등 제 청　당 위 여 설

(혼인)

걸림 없는 무애(無碍) 보살이 다시 부처님께 사뢰
었다.

"세존이시여, 평범한 모든 사람이 혼인할 때, 먼
저 조건이 서로 맞는가를 물어본 뒤 길일을 잡고
결혼하는데, 결혼한 뒤 부귀영화를 평생 함께 누
리는 사람은 적고, 빈궁하게 살다 이별하거나 사
별하는 사람이 많습니다. 이 사람들은 똑같이 삿
된 것을 믿었는데, 어찌 이런 차별이 있습니까?
원하옵건대 세존께서는 대중의 의문을 풀어주
시옵소서."

부처님께서 말씀하셨다.

"선한 불자들이여, 마땅히 일러줄 것이니 그대
들은 잘 들어야 한다.

夫天陽地陰 月陰日陽 水陰火陽
부 천 양 지 음　월 음 일 양　수 음 화 양

男陽女陰。天地氣合 一切草木
남 양 여 음　천 지 기 합　일 체 초 목

生焉 日月交運 四時八節 明焉。
생 언　일 월 교 운　사 시 팔 절　명 언

水火相承 一切萬物 熟焉 男女允
수 화 상 승　일 체 만 물　숙 언　남 녀 윤

諧 子孫 興焉。皆是天地常道
해　자 손　흥 언　개 시 천 지 상 도

自然之理 世諦之法。
자 연 지 이　세 제 지 법

善男子 愚人 無智 信其邪師 卜問
선 남 자　우 인　무 지　신 기 사 사　복 문

望吉 而不修善 造種種惡業 命終
망 길　이 불 수 선　조 종 종 악 업　명 종

之後 復得人身者 如指甲上土 墮
지 후　부 득 인 신 자　여 지 갑 상 토　타

於地獄 作餓鬼蓄生者 如大地土。
어 지 옥　작 아 귀 축 생 자　여 대 지 토

무릇 하늘은 양이고 땅은 음이며, 해는 양이고 달은 음이며, 남자는 양이고 여자는 음이다. 하늘과 땅의 기운이 함께 어울려 온갖 초목이 생겨나고, 해와 달이 서로 움직여서 사시사철이 흘러간다. 불과 물이 서로 받아들여 세상 만물이 자라나고, 남녀가 서로 화합하여 자손이 이어진다. 이 모든 게 하늘과 땅의 일상적인 도이고 자연의 섭리이며 세속의 법이다.

선한 불자들이여, 어리석어 지혜가 없는 사람은 삿된 스승을 믿고 점을 치고 길하기만 바란다. 좋은 일을 하지 않고 온갖 나쁜 업만 지어, 명이 다한 뒤에 다시 사람으로 태어나는 자는 손톱의 때만치나 적고, 지옥에 떨어져 아귀나 축생으로 태어나는 자는 대지의 흙만큼이나 많다.

善男子 復得人身
선 남 자 부 득 인 신

正信修善者 如指甲上土
정 신 수 선 자 여 지 갑 상 토

信邪造惡業者 如大地土。
신 사 조 악 업 자 여 대 지 토

善男子 欲結婚親 莫問水火相剋
선 남 자 욕 결 혼 친 막 문 수 화 상 극

胞胎相壓 年命不同 唯看祿命書。
포 태 상 압 연 명 부 동 유 간 녹 명 서

卽知福德多少 以爲眷屬 呼迎之日
즉 지 복 덕 다 소 이 위 권 속 호 영 지 일

卽讀此經三遍 而以成禮。
즉 독 차 경 삼 편 이 이 성 례

此乃善善相仍
차 내 선 선 상 잉

明明相屬 門高人貴。
명 명 상 속 문 고 인 귀

선한 불자들이여, 다시 사람의 몸을 얻은 자도 바른 믿음으로 착한 일을 하는 사람은 손톱의 때만치나 적고, 삿된 것을 믿고 나쁜 업을 짓는 사람은 대지의 흙만큼이나 많다.

선한 불자들이여, 결혼하려고 할 때, 물과 불이 상극인 것처럼 궁합과 나이가 맞지 않는다고, 사람이 타고난 운명을 설명한 책만 보고서 하나하나 따진다거나 묻지 말아야 한다. 다시 말하면 복덕이 많고 적음을 살펴, 그것으로 부부의 덕목으로 삼을 것이며, 신랑 신부를 불러들여 맞이하는 날에는, 이 경을 세 번 읽고 결혼식을 올려야 한다.

이에 좋은 일이 좋은 일을 불러들이니, 항상 밝은 빛이 모여 가문의 명성이 높아지고 그 집안사람들은 귀인이 될 것이다.

子孫興盛　聰明利智　多才多藝。
자 손 흥 성　총 명 이 지　다 재 다 예

孝敬相承　甚大吉利　而不中夭
효 경 상 승　심 대 길 이　이 불 중 요

福德具足　皆成佛道。
복 덕 구 족　개 성 불 도

時　有八菩薩[1]
시　유 팔 보 살

承佛威信　得大總持
승 불 위 신　득 대 총 지

常處人間　和光同塵
상 처 인 간　화 광 동 진

破邪立正　度四生。
파 사 입 정　도 사 생

處八解　而不自異。
처 팔 해　이 부 자 이

---

1. 약사경에서는 팔대보살을 문수보살, 관음보살, 대세지보살, 무진의(無盡意)보살, 보단화(寶壇華)보살, 약왕보살, 약상(藥上)보살, 미륵보살이라고 한다.

자손은 흥성하되 총명하고 지혜로우며 다재다능할 것이다. 효도하고 공경하며 서로 받드니 크게 길하고 이로운 삶으로, 명이 짧아 요절하는 일이 없이, 온갖 복덕이 다 갖추어져 모두 성스러운 삶을 살게 될 것이다.”

(여덟 보살이 보호하시니)
그때 여덟 보살이 부처님의 위엄과 신망으로 중생들의 온갖 소원을 충족시켜 줄 힘을 얻고는, 항상 세상 사람들과 함께 똑같은 모습으로 살면서 삿된 가르침을 타파하고 바른 가르침을 세워 중생을 제도하였다.

그들은 각기 다른 선정 속에 있었지만, 여덟 보살의 삶은 조금도 다른 삶이 아니었다.

其名曰　跋陀羅菩薩漏盡和[1]　羅隣
기 명 왈　　발 타 라 보 살 누 진 화　　나 린

渴菩薩漏盡和憍目兜菩薩漏盡和
갈 보 살 누 진 화 교 목 두 보 살 누 진 화

那羅達菩薩漏盡和　須彌深菩薩漏
나 라 달 보 살 누 진 화　　수 미 심 보 살 누

盡和　因抵達菩薩漏盡和　和輪調菩
진 화　　인 저 달 보 살 누 진 화　　화 륜 조 보

薩漏盡和　無緣觀菩薩漏盡和。
살 누 진 화　　무 연 관 보 살 누 진 화

是八菩薩　俱白佛言。
시 팔 보 살　　구 백 불 언

世尊　我等　於諸佛所　受得陀羅尼
세 존　　아 등　　어 제 불 소　　수 득 다 라 니

神呪　而今說之　擁護　受持讀誦　天
신 주　　이 금 설 지　　옹 호　　수 지 독 송　　천

地八陽經者　永無恐怖　使一切不善
지 팔 양 경 자　　영 무 공 포　　사 일 체 불 선

之物　不得侵損　讀經法師。
지 물　　부 득 침 손　　독 경 법 사

---

1. 누(漏)는 번뇌를 뜻하며 누진화(漏盡和)란 이 보살들이 번뇌를 모두 여의었다는 것을 강조한 것이다.

이 보살들의 명호는 모든 번뇌가 사라진 문수(文殊) 보살, 관음(觀音) 보살, 대세지(大勢至) 보살, 무진의(無盡意) 보살, 보단화(寶壇華) 보살, 약왕(藥王) 보살, 약상(藥上) 보살, 미륵(彌勒) 보살이었다.

이 여덟 보살이 함께 부처님께 사뢰었다.

"세존이시여, 저희 모두 부처님께 받은 다라니 신주를 지금 설하니, 천지팔양경을 받아 지녀 읽고 외우는 사람을 옹호해 두려운 마음이 영원히 사라지고, 그 어떤 좋지 못한 것도 이 경을 읽고 외운 법사를 해치지 않게 하겠습니다."

即於佛前 而說呪曰。
즉 어 불 전 이 설 주 왈

阿去尼 尼去尼
아 거 니 니 거 니

阿毘羅 曼隷 曼多隷
아 비 라 만 예 만 다 예

世尊 若有不善子 欲來惱法師
세 존 약 유 불 선 자 욕 래 뇌 법 사

聞我說此呪
문 아 설 차 주

頭破作七分 如阿梨樹枝。
두 파 작 칠 분 여 아 리 수 지

그리고 바로 부처님 앞에서 주문을 외웠다.

아거니 너거니 아비라 만예 만다예

"세존이시여, 만약 천지팔양경 법사에게 해를 끼치는 사람이 저희가 설한 신주를 듣는다면, 깨진 기왓장처럼 머리가 일곱 쪽으로 깨어질 것입니다."

爾時 無邊身菩薩
이 시 무 변 신 보 살

卽從座起 前白佛言。
즉 종 좌 기 전 백 불 언

世尊 云何名爲天地八陽經。
세 존 운 하 명 위 천 지 팔 양 경

惟願世尊 爲諸聽衆 解說其義
유 원 세 존 위 제 청 중 해 설 기 의

令得覺悟 速達心本 入佛知見
영 득 각 오 속 달 심 본 입 불 지 견

永斷疑悔。
영 단 의 회

佛言。善哉善哉 善男子。
불 언 선 재 선 재 선 남 자

汝等 諦聽。吾今爲汝
여 등 제 청 오 금 위 여

分別解說 天地八陽之經。
분 별 해 설 천 지 팔 양 지 경

6. 천지팔양경의 뜻

그때, 가없는 몸 무변신(無邊身) 보살이 자리에서 일어나 부처님께 사뢰었다.

"세존이시여, 어찌하여 천지팔양경이라 하옵니까? 바라옵건대 세존께서는 모든 청중이 그 뜻을 알아듣게 말씀하셔서, 어서 마음의 근본을 통달하고 부처님의 마음자리로 들어가 영원토록 의심을 끊게 하옵소서."

부처님께서 말씀하셨다.

"착하고 착하도다, 무변신보살이여. 그대들은 잘 들어야 한다. 내가 지금 그대들을 위하여 천지팔양경의 뜻을 정리하여 풀어 주리라.

天者 陽也 地者 陰也
천자 양야 지자 음야

八者 分別也 陽者 明解也。
팔자 분별야 양자 명해야

明解 大乘無爲之理
명해 대승무위지이

了能分別 八識因緣 空無所得。
요능분별 팔식인연 공무소득

又云 八識 爲經 陽明 爲緯
우운 팔식 위경 양명 위위

經緯相投 以成經敎故 名八陽經。
경위상투 이성경교고 명팔양경

八者 是八識。六根 是六識
팔자 시팔식 육근 시육식

含藏識 阿賴耶識 是名八識
함장식 아뢰야식 시명팔식

明了分別八識根源 空無所有。
명료분별팔식근원 공무소유

하늘 천(天)은 양이고 땅 지(地)는 음이며, 팔(八)은 분별이고 양(陽)은 분명히 뜻을 드러낸다는 뜻이다. 대승(大乘) 무위(無爲)의 이치인 부처님의 마음을 분명히 알고, 팔식(八識)의 인연이 모두 공(空)이어서 얻을 바 없음을 명료하게 아는 것이다.

또 말하기를 팔식(八識)은 날줄이 되고 양명(陽明)은 씨줄이 되어, 씨줄과 날줄이 서로 어울려 부처님의 가르침이 완성되므로 팔양경(八陽經)이라 이름을 붙인 것이다.

팔(八)은 팔식(八識)이다. 안(眼) 이(耳) 비(鼻) 설(舌) 신(身) 의(意) 육근(六根)은 육식(六識)이고, 제칠식(第七識) 아상(我想)과 아뢰야식(阿賴耶識)을 합해 팔식(八識)이라 하는데, 팔식의 근원을 명료하게 알면 공(空)이어서 얻을 바가 없다.

即知
즉 지

兩眼　是光明天
양 안　시 광 명 천

光明天中　即現日月光明世尊。
광 명 천 중　즉 현 일 월 광 명 세 존

兩耳　是聲聞天
양 이　시 성 문 천

聲聞天中　即現無量聲如來。
성 문 천 중　즉 현 무 량 성 여 래

兩鼻　是佛香天
양 비　시 불 향 천

佛香天中　即現香積如來。
불 향 천 중　즉 현 향 적 여 래

口舌　是法味天
구 설　시 법 미 천

法味天中　即現法喜如來。
법 미 천 중　즉 현 법 희 여 래

곧 이것으로 알아야 한다.

두 눈은 빛나는 하늘 광명천(光明天)이니, 여기서 해와 달빛 일월광명(日月光明) 세존이 나타난다.

두 귀는 소리를 듣는 하늘 성문천(聲聞天)이니, 여기서 한량없는 소리 무량성(無量聲) 여래께서 나타난다.

두 코는 부처님의 향기를 맡는 불향천(佛香天)이니, 여기서 향기가 쌓이는 향적(香積) 여래께서 나타난다.

입 안의 혀는 법의 맛을 아는 하늘 법미천(法味天)이니, 여기서 법의 기쁨을 아는 법희(法喜) 여래께서 나타난다.

身 是盧舍那天
신　시노사나천

盧舍那天中 卽現成就盧舍那佛
노사나천중　즉현성취노사나불

盧舍那鏡像佛 盧舍那光明佛。
노사나경상불　노사나광명불

意 是無分別天 無分別天中
의　시무분별천　무분별천중

卽現不動如來大光明佛。
즉현부동여래대광명불

心 是法界天
심　시법계천

法界天中 卽現空王如來。
법계천중　즉현공왕여래

含藏識天
함장식천

演出阿那含經 大般涅槃經。
연출아나함경　대반열반경

온몸은 빛으로 된 하늘 노사나천(盧舍那天)이니, 여기서 노사나불이 되면, 세상의 온갖 모습을 거울처럼 비춰주며 그 자리에서 빛을 발하는 노사나 여래께서 나타난다.

의식은 분별이 없는 하늘 무분별천(無分別天)이니, 여기서 흔들림 없는 마음에서 큰 빛이 나는 부동(不動) 여래께서 나타난다.

마음은 법이 펼쳐진 하늘 법계천(法界天)이니, 여기서 공왕(空王) 여래께서 나타난다.

'나'라는 잠재의식을 담고 있는 하늘 함장식천(含藏識天)은 '아나함(阿那含)'의 가르침과 '대반열반경(大般涅槃經)'의 가르침을 내놓는다.

阿賴耶識天
아 뢰 야 식 천

演出大智度論經 瑜伽論經。
연 출 대 지 도 론 경 유 가 론 경

善男子 佛卽是法 法卽是佛
선 남 자 불 즉 시 법 법 즉 시 불

合爲一相 卽現大通智勝如來。
합 위 일 상 즉 현 대 통 지 승 여 래

佛說此經時 一切大地 六種震動
불 설 차 경 시 일 체 대 지 육 종 진 동

光照天地 無有邊際 浩浩蕩蕩
광 조 천 지 무 유 변 제 호 호 탕 탕

而無所名。
이 무 소 명

一切幽冥 皆悉明朗 一切地獄
일 체 유 명 개 실 명 랑 일 체 지 옥

並皆消滅 一切罪人 俱得離苦。
병 개 소 멸 일 체 죄 인 구 득 이 고

삶의 씨앗을 모두 담고 있는 하늘 아뢰야식천(阿賴耶識天)은 '대지도론(大智度論)'의 가르침과 '유가론(瑜伽論)'의 가르침을 내놓는다.

선한 불자들이여, 부처님 그대로가 법이고 법 그대로가 부처님이니, 이것이 합해져 한 가지 모습으로 녹아들어 오롯이 뛰어난 지혜로 통하는 대통지승(大通智勝) 여래께서 나타난다."

부처님께서 이 경을 말씀하실 때, 상서로운 모든 대지가 움직이며 온 천지가 환한데, 그 끝이 보이지 않고 크고 넓어 막힌 게 없으니, 무어라 이름을 붙일 수가 없었다. 어두운 세상이 다 밝아지고 온갖 지옥이 없어져 어떤 죄인이라도 고통에서 벗어날 수 있었다.

爾時 大衆之衆 八萬八千菩薩
이시 대중지중 팔만팔천보살

一時成佛 號曰空王如來應正等覺
일시성불 호왈공왕여래응정등각

劫名 離垢 國號 無邊。
겁명 이구 국호 무변

一切人民 皆行菩薩六波羅蜜
일체인민 개행보살육바라밀

無有彼此 證無諍三昧 逮無所得。
무유피차 증무쟁삼매 체무소득

六萬六千 比丘比丘尼 優婆塞
육만육천 비구비구니 우바새

優婆夷 得大總持 入不二法門。
우바이 득대총지 입불이법문

이때 대중 가운데 있던 팔만 팔천 보살이 한꺼번에 성불하니, 명호를 공왕(空王) 여래 응공 정등각 부처님이라 하고, 세월의 이름은 온갖 번뇌에서 벗어난 '이구(離垢)'라 하며, 국호는 끝이 없는 국토 '무변(無邊)'이라 하였다.

모든 사람이 부처님의 세상으로 가는 육바라밀을 실천하며, 너와 나의 다툼이 없는 '무쟁삼매(無諍三昧)'를 증명하니, 얻을 바가 없는 경지에 이르렀다.

육만 육천 비구와 비구니, 우바새, 우바이는 온갖 공덕을 지닌 대총지(大總持)를 얻고, 부처님의 마음자리 불이법문(不二法門)으로 들어갔다.

無數天龍夜叉　乾闥婆　阿修羅　迦
무 수 천 룡 야 차　건 달 바　아 수 라　가

樓羅　緊那羅　摩睺羅迦　人非人等
루 라　긴 나 라　마 후 라 가　인 비 인 등

得法眼淨　行菩薩道。
득 법 안 정　행 보 살 도

善男子　若復有人　得官登位之日
선 남 자　약 부 유 인　득 관 등 위 지 일

及新入宅之時　暫讀此經三遍
급 신 입 택 지 시　잠 독 차 경 삼 편

甚大吉利　善神　加護
심 대 길 이　선 신　가 호

延年益壽　福德具足。
연 년 익 수　복 덕 구 족

善男子　若讀此經一遍　如讀一切經
선 남 자　약 독 차 경 일 편　여 독 일 체 경

一遍　若寫一卷　如寫一切經一部。
일 편　약 사 일 권　여 사 일 체 경 일 부

셀 수 없이 많은 하늘신, 용왕, 야차, 건달바, 아수라, 가루라, 긴나라, 마후라가, 사람인 듯 아닌 듯한 인비인(人非人) 중생 모두가 법을 보는 안목이 청정하여 보살도를 실천하였다.

"선한 불자들이여, 어떤 사람이 관직에 오르는 날이나 새집에 들어갈 때, 잠시 이 경을 지극정성 세 번만 읽으면 크게 길하여 좋은 일이 생기니, 선한 신이 보호하고 무병장수하며 온갖 복덕이 다 갖추어질 것이다.

선한 불자들이여, 이 경을 한 번만 읽어도 모든 경을 한 번씩 읽은 것과 같고, 이 경을 한 권만 사경해도 모든 경을 한 부씩 사경한 것과 같다.

其功德 不可稱不可量
기 공덕 불가칭불가량

等虛空 無有邊際 成聖道果。
등허공 무유변제 성성도과

復次 無邊身菩薩摩詞薩 若有衆生
부차 무변신보살마하살 약유중생

不信正法 常生邪見 忽聞此經 卽
불신정법 상생사견 홀문차경 즉

生誹謗 言非佛說 是人 現世 得白
생비방 언비불설 시인 현세 득백

癩病 惡瘡濃血 遍體交流 醒燥臭
나병 악창농혈 변체교류 성조취

穢 人皆憎嫉。命終之日 卽墮阿鼻
예 인개증질 명종지일 즉타아비

無間地獄 上火徹下 下火徹上 鐵
무간지옥 상화철하 하화철상 철

槍鐵叉 遍體穿穴。融銅灌口 筋骨
창철차 변체천혈 융동관구 근골

爛壞 一日一夜 萬死萬生。
난괴 일일일야 만사만생

따라서 그 공덕은 헤아릴 수가 없고, 허공 같아 그 끝이 없으므로, 성스러운 도를 이루게 된다.

또 무변신보살이여, 어떤 중생이 정법을 믿지 않고 항상 삿된 소견만 내다가, 홀연 이 경을 듣고 비방하며 부처님 말씀이 아니라고 하면, 이 사람은 이번 생에서 나병에 걸려 온몸이 터지고 더러운 피고름이 흘러 그 악취로 모든 사람의 미움을 받게 될 것이다.

그러다 명이 다하는 날 무간지옥에 떨어지니, 몸의 위아래로 불길이 솟구치고 무쇠 창이 난무하며 온몸을 찔러댈 것이다. 구리 녹인 물을 입에 부으니 뼈와 힘줄이 녹아 문드러져, 하루에 만 번 죽고 만 번 살아날 것이다.

受大苦痛　無有休息
수 대 고 통　무 유 휴 식

謗斯經故　獲罪如是。
방 사 경 고　획 죄 여 시

佛爲罪人　而說偈言。
불 위 죄 인　이 설 게 언

身是自然身　五體自然足
신 시 자 연 신　오 체 자 연 족

長乃自然長　老則自然老。
장 내 자 연 장　노 즉 자 연 노

生乃自然生　死則自然死
생 내 자 연 생　사 즉 자 연 사

求長不得長　求短不得短。
구 장 부 득 장　구 단 부 득 단

이렇게 쉴 새 없이 큰 고통을 받아야 하는데, 이는 모두 이 경을 비방하였으므로 이런 죗값을 치르는 것이다."

부처님께서 지옥의 죄인을 위하여 게송으로 말씀하셨다.

이내 몸은 인연으로 절로 생기며
손발 머리 인연으로 갖춰지는 것
크는 것도 인연으로 절로 크면서
늙음 또한 인연으로 절로 늙는 것.

태어남도 인연으로 절로 생기며
죽음 또한 인연으로 사라지는 것
키 크는 것 마음대로 되지 않지만
작은 키도 내 뜻대로 할 수 없는 것.

苦樂汝自當 邪正由汝己
고 락 여 자 당　사 정 유 여 기

欲作有爲功 讀經莫問師。
욕 작 유 위 공　독 경 막 문 사

千千萬萬歲 得道轉法輪。
천 천 만 만 세　득 도 전 법 륜

佛說此經已 一切大衆 得未曾有
불 설 차 경 이　일 체 대 중　득 미 증 유

心明意淨 歡喜踊躍。皆見諸相非
심 명 의 정　환 희 용 약　개 견 제 상 비

相 入佛知見 悟佛知見。
상　입 불 지 견　오 불 지 견

無入無悟 無知無見
무 입 무 오　무 지 무 견

不得一法 卽涅槃樂。
부 득 일 법　즉 열 반 낙

괴로움과 즐거움도 그대가 감당
삿된 법과 바른 법도 그대의 인연
공을 들여 원하는 것 얻고 싶다면
경을 읽되 다른 생각 하지 말아라.

천년만년 읽어가다 인연이 오면
끊임없는 부처님 삶 법을 전하리.

부처님께서 이 경을 설하시니, 아직 이런 법문을
들어본 적이 없던 모든 대중의 마음이 밝고 깨끗
해져 뛸 듯한 기쁨이 넘쳐흘렀다. 모든 대중은
세상의 어떤 모습도 참모습이 아닌 줄 알고, 부
처님의 지혜로 들어가 깨달았기 때문이다. 그 깨
달음은 들어간 바도 없고, 깨달은 바도 없으며,
어떤 경계를 알고 본 것도 없어, 한 법도 얻은
바가 없으니, 곧 열반의 즐거움이다.

【회향문】

(   ) 사경 제자는

부처님 전에 사경을 마친 경전을 바칩니다.

경을 쓰는 이 공덕이 보살들의 뛰어난 삶

끝도 없이 뛰어난 복 온갖 공덕 회향하니

이 힘으로 원하건대 무명 속의 모든 중생

지금 바로 부처님의 극락정토 가옵소서.

나무 석가모니불

나무 석가모니불

나무 시아본사 석가모니불

20   년   월   일   불제자   정례(頂禮)

정성껏 쓰신 사경을 활용하는 방법

1. 정성껏 쓰신 사경본은 본인이 지니고 독송용으로 소장하면서, 집안의 가보로 삼으셔도 됩니다.

2. 또한 사경본을 집안 식구나 가까운 친지 및 주변 도반들에게 법공양을 올려 부처님과 인연을 맺어주면 그 공덕으로, 뒷날 이들은 다시 험하고 나쁜 세상에 태어나지 않게 될 것입니다.

3. 육신을 벗어난 영가를 천도하기 위하여 쓰신 사경본은 사십구재나 기일을 택하여 그들의 극락왕생을 위한 의식을 행할 때, 소대가 있는 절에서 도솔천으로 공양을 올리기도 합니다.

4. 법당이나 성스러운 불상 또는 부처님의 탑을 조성할 때 복장용으로 안치한 사경본은, 오랜 세월이 흐른 뒤에도 정법을 이어주는 공덕이 있습니다.

원순 스님

해인사 백련암에서 성철 스님을 은사로 모시고 출가하여
해인사 송광사 통도사 봉암사 등 제방선원에서 정진하였다.
『명추회요』를 번역한 『마음을 바로 봅시다』, 『한글원각경』, 『육조단경』, 『선요』
『선가귀감』을 강설한 『선수행의 길잡이』, 『돈황법보단경 강설』
『돈오입도요문론 강설』 등 다수의 불서를 펴냈으며
난해한 원효 스님의 『대승기신론 소별기』를 『큰 믿음을 일으키는 글』로 풀이하였다.
현재 지리산 실상사 달빛재에서 안거 중.

천지팔양신주경

초판 발행 | 2024년 5월 22일
펴낸이 | 열린 마음
풀어쓴 이 | 원순

펴낸 곳 | 도서출판 법공양
등록 | 1999년 2월 2일·제1-a2441
주소 | 13150 서울시 종로구 삼봉로 81
두산위브파빌리온 836호
전화 | 02-734-9428
팩스 | 02-6008-7024
이메일 | dharmabooks@chol.com

ⓒ 원순, 2024
ISBN 979-11-92137-08-7

값 12,000원

원순 스님이 풀어쓰거나 강설한 책들

능엄경 1, 2   중생계는 중생의 망상으로 생겨났음을 일깨우며, 번뇌를 벗어나

부처님 마음자리로 들어가는 가르침과 능엄신주를 설한 경전

규봉스님 금강경   금강경을 논리적으로 풀어가고 있는

기존의 시각과 다른 새로운 금강경 해설서

부대사 금강경   경에 담긴 뜻을 부대사가 게송으로 풀어낸 책

야부스님 금강경   경의 골수를 선시로 풀어 가슴을 뚫는 문학적 가치가 높은 책

육조스님 금강경   금강경의 이치를 대중적으로 쉽게 풀어쓴 금강경 기본 해설서

종경스님 금강경   아름다운 게송으로 금강경 골수를 드러내는 명쾌한 해설서

함허스님 금강경   다섯 분의 금강경 풀이를 연결하여 꿰뚫어 보게 하면서

금강경의 전개를 파악하고 근본 가르침을 또렷이 알 수 있게

설명한 험허스님의 걸작

지장경   지장보살의 전생 이야기와 그분의 원력이 담긴 경전

연꽃법화경   모든 중생이 부처님이라는 혁신적인 내용을 담고 있으면서도

고전문학의 가치를 지닌 경전

연경별찬   설잠 김시습이 『연꽃법화경』을 찬탄하여 쓴 글

한글 원각경   함허득통 스님이 주해한 원각경을 알기 쉽게 풀어쓴 글

초발심자경문   이 세상 모든 사람을 위한 마음 닦는 글

치문 1 · 2 · 3권   생활 속에서 가까이 해야 할 선사들의 주옥같은 가르침

선가귀감   경전과 어록에서 선의 요점만 추려 엮은 '선 수행의 길잡이'

큰 믿음을 일으키는 글   불교 논서의 백미로 꼽히는 『대승기신론 소 · 별기』 번역서

마음을 바로 봅시다 上下   『종경록』 고갱이를 추린 『명추회요』 국내 최초 번역서

선요   선의 참뜻을 일반 불자들도 알 수 있도록 풀이한 글

몽산법어   간화선의 교과서로 불리는 간화선 지침서

禪 스승의 편지   선방 수좌들의 필독서, 대혜 스님의 『서장書狀』 바로 그 책

절요   '선禪의 종착지로 가는 길'을 알려주는 보조지눌 스님의 저서

진심직설   행복한 마음을 명료하게 설명해 주는 참마음 수행 지침서

선원제전집도서   선과 교의 전체 내용을 체계적으로 정리한 참 좋은 책

무문관   선의 종지로 들어갈 문이 따로 없으니 오직 화두만 참구할 뿐

정혜결사문   이 시대에 정혜결사의 뜻을 생각해 보게 하는 보조 스님의 명저

선문정로   퇴옹 성철 큰스님께서 전하시는 '선의 종착지는 어디인가?'

육조단경 덕이본   육조스님 일대기와 가르침을 극적으로 풀어낸 선종 으뜸 경전

돈오입도요문론   단숨에 깨달아 도에 들어가는 가르침을 잘 정리한 책

신심명·증도가   마음을 일깨워 주는 게송으로서 영원한 선 문학의 정수

한글 법보 염불집   불교 의식에 쓰는 어려운 한문 법요집의 뜻을 이해하고
염불할 수 있도록 아름다운 우리말로 풀어씀

돈오입도요문 강설   깨달음을 얻기 위하여 꼭 알아야 할 내용을 50여 개의 주제로 정리하여
문답식으로 설명하고 있는 돈오입도요문 강설본

신심명 강설   신심명 게송을 하나하나 알기 쉽게 풀어 선어록의 이해를
돕는 간결한 지침서

선禪 수행의 길잡이   선과 교를 하나로 쉽게 이해하는 『선가귀감』을 강설한 책

돈황법보단경 강설   육조스님 가르침을 간결하고 명료하게 담고 있는 책
저자의 강설이 실려 있어 깊은 뜻을 쉽게 이해할 수 있는 책

독송 및 사경본 _ 우리말 금강반야바라밀경 독송본과 사경본
우리말 관세음보살보문품 독송본과 사경본
약사유리광 칠불본원공덕경 독송본과 사경본
보현행원품 사경본, 미륵경 독송본과 사경본
초발심자경문 사경본
부모은중경 우리말 독송 사경본